Dr Jean-Marc BENHAIEM

Oubliez le tabac !

La méthode révolutionnaire pour arrêter de fumer

Préface de François Roustang

Albin Michel

Préface

Ce livre va vous entraîner dans des directions multiples. C'est un médecin qui parle et qui connaît bien tous les aspects par lesquels l'hypnose relève de la physiologie. C'est aussi un praticien qui a reçu des centaines de personnes pour les aider à se débarrasser du tabagisme. C'est encore un homme de pensée qui a réfléchi longuement sur les pouvoirs et les limites de l'hypnose. C'est enfin un pédagogue qui sait reconnaître chacun avec ses différences et lui proposer une variété d'exercices en fonction de ses possibilités propres.

Il a voulu écrire un livre qui ne soit pas seulement à lire ou à parcourir, mais un livre à faire. Il convient à ceux qui s'acheminent vers un abandon de leurs habitudes de fumeur, mais surtout à ceux qui ont déjà décidé de fumer bientôt leur dernière cigarette. Il s'adresse également aux médecins et aux thérapeutes qui sont souvent embarrassés par le difficile apprentissage de l'abstinence.

Ne cherchez pas ici une solution miracle qui vous dispenserait de tout engagement personnel. Mais ne croyez pas non plus que va être exigé de vous un effort de volonté. L'hypnose a ceci de particulier qu'elle agit par elle-même dans la mesure où l'on se laisse faire peu à peu. Par elle on entre dans un nouvel état où la transformation s'opère à l'insu de l'intelligence et de la volonté. Le seul effort qui soit requis est celui qui consiste à laisser se faire une modification, à se plonger dans la confiance par-delà nos peurs et nos angoisses. Les exercices ici proposés seront à choisir par chacun selon ses dispositions et ses goûts. C'est d'une sorte d'imprégnation qu'il s'agit. On se laisse prendre par un autre contexte d'existence où la cigarette n'est plus indispensable à notre vie.

La tonalité de ce livre est marquée par une certaine décontraction, favorable à l'expérience de l'hypnose. On y passe doucement de précisions techniques à des récits de cas, de réflexions sur les aspects pervers du tabagisme à des incitations à se concentrer sur l'état particulier dans lequel se trouve le fumeur, d'observations personnelles de l'auteur à des ouvertures sur des traits caractéristiques de notre culture.

Certains d'entre les lecteurs qui prendront goût à ces exercices pourront même soupçonner quelque chose qui nous vient de l'Asie. De nombreux praticiens des arts martiaux savent que la force et même la souplesse ne sont pas décisives dans les combats. Ils requièrent une qualité d'attention qui n'est pas une concentration obsessionnelle sur telle ou telle partie du corps de l'adversaire à atteindre, mais une concentration ouverte dans toutes les directions à la fois : devant et sur les côtés et même derrière soi. Pour être efficace dans nos sociétés dites avancées, il ne faut pas seulement avoir des connaissances et apprendre des techniques de communication, il faut être capable de déceler les signes de ce qui se prépare au sein de la société, de ce qui n'est pas encore évident, sauf pour les plus perspicaces, ceux qui ont développé une sensorialité fine, ceux qui soupçonnent les mouvements élémentaires qui vont changer le cours des choses. L'hypnose, qui est une étrangeté dans notre culture, pourrait bien apparaître comme un point de jonction privilégié et indispensable entre nous et les cultures chinoise ou japonaise en particulier. Les entrepreneurs devront passer par elle.

Lisez ces pages, oui, mais pour faire, pour accomplir le changement que vous souhaitez.

François Roustang

Au lecteur

C'est un grand jour, vous avez décidé d'arrêter de fumer !

Vous avez choisi l'hypnose pour guérir.

Je vous souhaite de passer un bon moment avec ce livre entre vos mains et qu'il s'ensuive un sevrage tranquille.

Avant toute chose, si vous vous sentez, dès maintenant, prêt à arrêter de fumer, voici une des techniques qui semble être la meilleure pour une bonne utilisation de ce livre.

Choisissez un moment dans la semaine ou dans la journée où vous pourrez disposer d'une à deux heures tranquilles. Installez-vous confortablement et lisez.

Déposez vos cigarettes dans une autre pièce, ou jetez-les déjà à la poubelle, et n'y touchez plus.

Commencez la lecture et faites quelques-uns des exercices d'autohypnose qui vous sont proposés.

Au bout d'une heure, ce livre ne sera pas achevé, mais vous serez déjà loin du tabac.

Quand débute la séance d'hypnose ?

Dès que la lecture de ce livre est entamée, la séance d'hypnose commence.

Il est probable qu'elle ait débuté avant, dès que vous avez engagé une réflexion sur ce sujet. L'hypnose commence quand vous envisagez un changement dans votre comportement. Vous vous mettez tout(e) seul(e) dans un état hypnotique et vous imaginez une modification de vos rituels quotidiens. Puis vous ressentez très justement que tout cela est affaire de suggestion et vous décidez de lire ce livre pour que l'hypnose vous sorte d'affaire et non un autre procédé ou un médicament, par exemple.

Que vous fumiez cinq cigarettes ou cent cigarettes par jour, il vous est possible de vous arrêter de fumer. Que vous fumiez depuis six mois ou depuis soixante ans, le sevrage est également à votre portée.

Ces affirmations ne relèvent pas de la croyance, elles tirent leur certitude de témoignages bien réels de très nombreuses personnes qui ont utilisé l'hypnose ou l'autohypnose pour guérir du tabagisme.

Si vous êtes encore fumeur…, vous lisez peut-être ces pages avec une cigarette entre index et majeur. Pourquoi pas ? Vous n'avez peut-être pas encore pris de décision.

Vous pouvez utiliser ce livre pour cesser de fumer ou pour mettre en route votre motivation d'arrêter de fumer. Le but déclaré de ce livre est d'aborder la dépendance tabagique de telle manière que vous puissiez plus facilement défaire les liens que vous avez établis avec cette plante vénéneuse. La simple lecture attentive des différents chapitres suffit à induire l'état hypnotique. Cet état de concentration ou d'absorption est favorable à des changements de comportement. Si votre intention de cesser de fumer est réelle, si vous estimez que le moment est venu pour vous d'en finir avec le tabac, vous pourrez également recourir aux exercices décrits et proposés dans chaque chapitre. Ils approfondissent l'hypnose pour parfaire votre détachement du tabac.

Au risque de me répéter : **vous devez faire les exercices**. L'intention, la sincérité, ne suffisent pas. Il y a si longtemps que vous vivez avec le tabac, que vous avez besoin de faire des exercices d'adaptation pour bien vivre l'absence du tabac.

Et pour finir, vous pourrez également arrêter de fumer à deux en hypnotisant vous-même une autre personne qui désire cesser de fumer. Le texte intégral d'une séance d'hypnose antitabac vous est donné pour aider votre conjoint ou des amis.

Vous avez sans doute souvent entendu que s'arrêter de fumer est une question de volonté. Certains ont même tenté de vous culpabiliser avec cette phrase. Rassurez-vous, aucun effort ne vous sera demandé. S'arrêter de fumer n'est pas affaire de volonté mais affaire de non-volonté, de non-vouloir et de non-effort pour laisser la place à un comportement naturel et détaché.

1 Introduction

La lecture déclenche l'hypnose

Par quels mécanismes la lecture attentive de ce livre peut-elle suffire à déclencher le sevrage d'une drogue si puissante ?

Les rouages de ces mécanismes sont nombreux et seront développés progressivement. Le premier est que l'hypnose s'installe dès que l'attention est soutenue plusieurs secondes d'affilée. L'installation de cet état met l'individu en relation avec son corps et son espace de telle manière que des modifications de ses liens puissent être décidées. Nous répétons inlassablement et quotidiennement ces exercices qui font le point sur nos liens et sur nos rituels jusqu'à ce que l'opportunité d'une rupture apparaisse.

Mais le tabac n'est pas une simple habitude, il est aussi une drogue !

En 1973[1], ont été mis en évidence dans le cerveau humain des récepteurs à la morphine. Puis en 1975[2] et en 1979[3], des chercheurs ont découvert que le corps humain fabrique des hormones ressemblant à la morphine qui ont été dénommées enképhalines et endorphines ou morphines endogènes. Ces hormones interviennent pour calmer douleur physique, douleur morale et manque. Leur sécrétion augmente dans ces conditions, mais également lorsqu'une personne vit une situation agréable et gratifiante.

Le manque de tabac provoque une souffrance qu'il est possible de calmer par votre propre morphine. Mais cette fonction n'est pas automatique. Si la décision d'arrêter de fumer se fait dans le plaisir et le bonheur de guérir, alors la sécrétion sera optimale et le sevrage peut devenir une partie de plaisir.

La connaissance de l'hypnose nous aide à mieux comprendre la nature des liens que nous laissons parfois se tisser entre nous et le tabac.

Les fumeurs le savent bien qui assimilent le tabagisme à un conditionnement hypnotique, mais dans le mauvais sens du terme, dans le sens d'**une emprise malsaine**. Ils se sentent soumis à une « influence » perverse et se tournent vers l'hypnose pour être à proprement parler lavés, « désenvoûtés » de cette plante et des rituels qui l'accompagnent.

---

1. L. Terenius à Uppsala en Suède, Pert et Snyder à la John Hopkins University de Baltimore et E. Simon à la New York University.
2. Hugues et Kosterlitz.
3. Guillemin et Goldstein.

Est-il indispensable de savoir débrouiller les fils du drame pour guérir ? Certainement pas, mais il est toutefois probable que plus on en sait sur un mécanisme, plus on reprend confiance dans ses propres ressources et plus on peut s'aider ou aider un nombre important de personnes à résoudre leurs problèmes.

Vous pouvez choisir de guérir sans rien comprendre au processus de votre guérison : seul le résultat compte selon le pragmatisme américain.

Si votre choix est de comprendre pour mieux guérir, vous pouvez également trouver dans ce livre des éclaircissements sur la dépendance, ce que l'on nomme aujourd'hui **l'addictologie**.

Mais si c'est l'hypnose qui guérit, il nous faudra comprendre comment une personne parvient à modifier son comportement de manière si radicale pour une addiction si sévère.

Ce sont ces thèmes qui seront décrits dans les chapitres suivants et qui expliquent comment vous utiliserez l'hypnose pour vous détacher du tabac.

Faire confiance à l'hypnose

Comme nombre d'entre vous, j'ai lu le livre d'Allen Carr, *La méthode simple pour en finir avec la cigarette*[4]. Cet

---

4. Éd. Pocket, 2004.

homme a arrêté de fumer grâce à l'hypnose, mais confesse qu'il n'a pas compris l'action de l'hypnose. « Je n'ai pas perdu conscience, ne suis pas rentré en transe, n'ai même pas pensé le faire et pourtant, après cette séance, j'ai définitivement arrêté de fumer et, de surcroît, j'ai trouvé la période de sevrage réjouissante. » D'après son témoignage, on comprend qu'il se faisait une idée fausse de l'hypnose. Il s'attendait à connaître un état de transe profonde comme un sommeil. Seules les personnes très suggestibles parviennent à entrer dans cette transe. Pour les sujets moyennement ou faiblement suggestibles, la transe s'accompagne d'une attention permanente. Il était bien en état d'hypnose, et pendant qu'il maintenait sa vigilance pour ne pas perdre le contrôle, son sevrage se faisait. Cet homme, sans formation scientifique, a essayé de comprendre l'hypnose et son mode d'action sur le manque du tabac et n'y est pas parvenu. Il décrète alors que ce n'est pas l'hypnose qui est en cause.

Je vais donc m'appliquer à reprendre les particularités de l'hypnose pour tenter d'expliquer le mode d'action de cette thérapie.

Un manuel d'hypnose

Lorsque j'ai commencé à écrire ce livre, mon but était d'exposer ce que j'avais observé de l'action de l'hypnose sur les addictions comme le tabagisme. Mon projet était d'en conseiller la lecture à toute personne désireuse de recourir à l'hypnose, pour répondre à l'avance aux idées préconçues sur l'hypnose, pour également intensifier la motivation et préparer ainsi les fumeurs à un sevrage prochain.

Puis l'idée m'est venue que ce livre pourrait avoir une utilité plus grande s'il aidait plus directement les lecteurs à arrêter de fumer sans avoir besoin de consulter un spécialiste. Pour cela, il fallait savoir s'il était possible de **soigner une addiction à distance** par l'intermédiaire d'un texte lu, sans avoir un contact direct avec les patients. J'avais toujours pratiqué l'hypnose en séance individuelle ou en groupe, et toujours en présence du patient. Était-il licite, honnête et efficace de vouloir utiliser le procédé hypnotique au travers d'une lecture ?

Plusieurs arguments défavorables sont apparus. Le sevrage du tabac est un acte médical qui ne peut se pratiquer que dans une relation comprenant interrogatoire, examen, diagnostic et prescription. Le sevrage nécessite une prise en charge avec un suivi prolongé qui assure le bon déroulement de la désintoxication. Un certain nombre de patients présentent pendant le sevrage des symptômes de manque très pénibles qui ont besoin d'être calmés.

Toutefois, parmi les candidats au sevrage, un pourcentage non négligeable de personnes parvenaient seules à arrêter de fumer sans recourir à des consultations spécialisées.

Les nombreuses prescriptions de calmants à base de plantes ou d'anxiolytiques que j'étais amené à délivrer pour soulager le manque étaient rarement utilisées.

L'entourage familial ou professionnel des patients qui réussissaient leur sevrage était parfois « contaminé » par l'expérience et se désintoxiquait par simple imitation sans aller consulter un médecin.

De nombreux témoignages et enquêtes évoquaient un très fort pourcentage de patients qui ne se sentaient pas prêts, qui se refusaient à consulter un médecin, et pour lesquels seule une information écrite était envisageable.

Tous ces éléments m'ont convaincu d'écrire ce livre tout en sachant qu'il ne pourrait répondre à tous les fumeurs tant leurs personnalités sont différentes ainsi que leurs niveaux d'intoxication et de dépendance.

Mon étonnement, après une expérience de vingt-cinq années de pratique de l'hypnose, provient du contraste entre **la simplicité des mots prononcés, des images proposées et l'ampleur des effets**, souvent immédiats, observés sur les fonctionnements du corps et la pensée. En dehors de la présence d'un thérapeute, quelles autres situations peuvent déclencher l'hypnose et provoquer ces effets ?

De très nombreuses situations, comme l'exercice sportif, la rêverie, l'étude, et … la lecture ! Observez une personne plongée dans un livre et vous connaîtrez tous les signes de l'hypnose. L'attention extrême, l'absorption, la dissociation, un état second apparaissant comme « décalé » du réel.

Effets de la lecture sur le corps

Récemment, il a été découvert que notre organisme sécrète une substance de formule chimique très proche de celle du cannabis. Il existe, nous dit Boris Cyrulnik[5], « plusieurs procédés pour faire libérer cette substance dans le sang dont l'un est le récit ! Une simple représentation possède un effet émotionnant bien supérieur aux sensations », propice à la libération de ces analogues du cannabis et de la morphine.

La lecture d'un texte commence d'abord à capter notre attention en favorisant la transposition en images et l'imagination. Il s'agit là d'un premier stade de l'hypnose par la focalisation de l'attention. Puis, si l'intérêt augmente par le contenu du récit, la personne commence à vivre vraiment ce qu'elle lit dans une sorte d'« hallucination » où la fiction devient aussi intense que le réel, sinon plus, dit Cyrulnik, par la pureté de ce qui est halluciné. Les régions du cerveau concernées par l'hallucination ne sont pas exactement les mêmes que les régions activées par l'imagination[6].

---

5. B. Cyrulnik, *L'Ensorcellement du monde*, Paris, Odile Jacob, 1997.
6. Une étude effectuée en 1998 par l'équipe Szechtman, Woody, Bowers et Nahmias propose à des sujets en hypnose d'imaginer une voix répétant une phrase courte. Il est observé dans le cerveau une activation des cortex auditifs lors de ces hallucinations hypnotiques auditives. Sous hypnose, le son de la voix émis de l'extérieur ou imaginé de l'intérieur a la même traduction dans le cerveau. De plus, une autre zone dans la région frontale médiane est activée spécifiquement chez certains sujets très suggestibles qui perçoivent la voix très clairement et qui l'attribuent à une source externe. Cette zone n'est pas activée chez les sujets qui ne parviennent qu'à imaginer la voix.

Elles font vivre en temps réel ce qui n'est encore qu'un projet et, par exemple, se mettent à concevoir sous hypnose la personne sans le tabac et heureuse de son sort et font sécréter cannabis et morphine, laissant entrevoir au fumeur un sevrage facile et agréable. Cette possibilité du corps s'exerce même pour un tabagisme ancien et prononcé.

J'ai donc voulu utiliser la lecture pour induire l'hypnose et les exercices pour mettre en jeu le sevrage.

J'ai alors tenté de donner à ce livre une forme quasi incantatoire où chaque phrase trouve un rythme et un équilibre qui évoqueraient la respiration libre. Les explications, les métaphores et les exercices seraient pareillement pris dans un mouvement qui porterait le lecteur vers le soulagement et le mieux-être. Je mène ce livre exactement comme je mène des séances d'hypnose pour réorienter la personne et lui rendre son incompatibilité avec le tabac.

Faire les exercices

Il est possible, et souvent vérifié, que la lecture attentive d'un texte et d'avertissements contre le tabagisme suffise à décourager un fumeur de fumer. Mais, pour certaines personnes, cela restera insuffisant. Seule la pratique d'exercices sera décisive.

Le sport, la danse, l'écriture, l'hygiène ne peuvent se passer d'exercices appropriés, réguliers et répétitifs.

Savoir traverser la rue, se méfier du feu, s'habiller en fonction du climat, s'éloigner du tabac nécessitent des exercices incessants et une vigilance constante.

Ces exercices se doivent d'être simples, faciles et plaisants pour entraîner l'adhésion.

2

L'hypnose pour qui ?

Qui peut s'arrêter de fumer ?

S'arrêter de fumer est accessible à un grand nombre de personnes dans un grand nombre de situations :

– Votre tabagisme date de trente à quarante ans (j'ai vu des succès après soixante ans de tabagisme ininterrompu) : vous pouvez vous arrêter du jour au lendemain ;

– Vous fumez deux voire trois paquets de cigarettes par jour (j'ai connu des fumeurs à cinq paquets par jour) : le sevrage vous est également possible ;

– Votre conjoint continue de fumer devant vous ;

– Votre collègue de bureau vous nargue avec ses cendriers et ses paquets à votre portée ;

– Vos amis vous tendent des pièges et vous défient d'y arriver ;

– Vous avez peur de grossir ;

– Vous avez été déprimé(e) lors d'une tentative précédente ;

– Vous êtes dans une passe difficile professionnellement ;

– Votre conjoint parle de séparation ;

– Vous avez déjà échoué dix fois ;

– Vous n'avez aucune volonté ;

– Vous pensez qu'il faut bien mourir de quelque chose.

À vous tous, je répète que votre sevrage est réalisable en suivant quelques précautions et les stratégies décrites dans les chapitres qui vont suivre. Le tabagisme est une maladie dont vous pouvez guérir. Depuis vingt-cinq années que j'observe et aide les fumeurs à s'arrêter, j'ai vu tant de situations invraisemblables où la réussite du sevrage a tout de même été possible, que la règle désormais est de rester têtu et déterminé.

Je reçois ce matin un courrier d'une femme kinésithérapeute qui m'est adressée par un médecin :

« Monsieur, j'ai arrêté une semaine de fumer grâce au patch doublé d'un traitement d'acupuncture. Puis, en m'accordant une cigarette le week-end et ainsi trois arrêts chacun d'une semaine. Puis j'ai fumé à nouveau. La compagnie des autres fumeurs me fait replonger chaque fois... J'ai réussi à m'arrêter ainsi à plusieurs reprises mais chaque fois pour un ou deux jours ! Je suis allée voir un tabacologue pendant trois mois au cours desquels j'ai mis au point une stratégie : j'achète mes cigarettes une par une à un passant et cela quand je suis libre et dans la rue. Mais depuis peu, je suis capable de ressortir de chez moi pour trouver cette fameuse cigarette. J'ai lu le livre de M. Carr et j'étais sûre d'arrêter à la fin du livre… toujours pas. Je voudrais me sortir de cet engrenage, pensez-vous pouvoir m'aider ? »

Je lui ai répondu qu'elle avait raison de rester têtue face au tabac et que l'hypnose pourrait sans doute l'aider à trouver son chemin au milieu de toutes ses tentatives. Elle est comme un animal pris au piège. Elle cherche par tous les moyens à échapper à l'emprise d'une obsession.

L'hypnose est utile et efficace chez une personne comme cette femme qui semble déterminée à régler ce problème.

Si le tabac n'était pas nocif…

Au premier rendez-vous, j'entends souvent cette phrase : « Si le tabac n'était pas nocif pour la santé, je continuerais à fumer, c'est un tel plaisir. » N'ayez pas honte de ce que vous ressentez. Dites à haute voix ce qui vous préoccupe. La phrase que vous pourrez prononcer contient tous les exercices que vous avez à faire pour guérir.

Reprenons cette phrase élément par élément.

L'élément toxique dans le tabac, c'est sa présence même – pareillement à une peur irraisonnée ou à un cauchemar récurrent. La présence de cette plante dans votre espace est une intrusion. C'est un élément dysharmonieux dans l'équilibre de votre existence. Ces rituels entravent le déroulement de la vie dans votre corps et dans votre pensée. Un tic du visage demande à être soigné non parce qu'il dérange l'entourage ou qu'il entraîne la mort, mais parce qu'il parasite la vie d'une personne. Ce tic lui enlève de la liberté. Ne laissez pas l'industrie du tabac grignoter les quelques espaces de liberté qu'il vous reste.

Vous avez nommé « plaisir » une plante qui donne souffrance et mort. Demandez-vous quels exercices vous pourriez pratiquer pour remettre dans l'axe votre façon de penser. Ces réponses seront détaillées dans les chapitres suivants. Le tabac est dangereux par la chimie de ses feuilles, mais également par la croyance que ce geste artificiel pourrait répondre à une demande d'aide émanant d'une personne naturellement en recherche de liens.

En résumé et en pratique, ne dites pas : « Si le tabac n'était pas dangereux… », ce qui est de la fiction, mais restez dans la réalité : « Le tabac s'est avéré dangereux, donc je m'arrête. »

Une personnalité à facettes multiples

« Pendant la période où je fume, me dit une autre patiente, je ne peux pas concevoir de m'arrêter, cela me paraît invraisemblable, tant le tabac a d'emprise sur moi. Je ne me vois pas vivre sans. Mais les deux ou trois fois où j'ai pu faire une pause de trois à six mois, mon point de vue était devenu radicalement différent : vivre sans le tabac me paraissait facile et très agréable. » Ce témoignage illustre la possibilité inhérente à chaque être d'un basculement d'une position où tout changement paraît inaccessible à une position confortable de guérison qui étonne par sa radicalité. Tout se passe comme si, pour guérir, il fallait faire appel à un autre soi-même qui a ce potentiel et qui semble totalement étranger à ce personnage qui s'est un jour intéressé au tabac.

Le passage de l'état de fumeur à l'état normal est souvent décrit en termes de soudaineté, d'une étrange sensation où tout semble s'être déroulé en dehors de la personne, comme si elle avait été mue par une impulsion venue d'ailleurs. Cette description est à rapprocher de l'illumination du scientifique ou de l'artiste qui ressent une perspicacité soudaine. Le mécanisme de ce phénomène que l'on peut observer également après une nuit de sommeil est à mettre sur le compte du processus hypnotique qui se déroule sur vingt-quatre heures au cours desquelles un immense brassage se déroule dans le cerveau. Ce brassage finit parfois par produire une combinaison gagnante qui a les traits d'une « révélation » qui n'a pu se produire que parce que vous aviez déjà en vous tous les éléments du changement.

En parcourant ces lignes, vous déclenchez un remue-ménage qui désorganise et réorganise votre savoir, qui crée des liens et en défait d'autres jusqu'à permettre **l'émergence d'un autre vous-même**, allergique au tabac et passionné par la vie.

Je manque de volonté

« J'ai beaucoup de volonté pour tant de situations que j'affronte courageusement, que je suis étonnée d'en avoir si peu pour arrêter de fumer. J'attends de l'hypnose qu'elle renforce ma volonté. »

S'arrêter de fumer ne relève pas de la volonté, sinon vous auriez déjà réussi votre sevrage. Tout au plus un effort d'attention est nécessaire. Lorsque nous avons décidé de traverser la rue, un effort d'attention est nécessaire pour éviter les dangers. Cette même vigilance assortie de règles précises est utile pour se tenir à distance de la violence occasionnée par cette plante toxique. Faire appel à la volonté est parfois entendu comme en appeler à la raison, prendre sur soi ou faire preuve de rigueur ou encore avoir des règles de vie en contraste avec le tabagisme – qui signifie s'adonner au plaisir et faire preuve de faiblesse. Certains êtres imprégnés de morale religieuse ou de codes de conduite (comme à l'armée) sont sans doute capables d'installer un tel comportement volontaire. Pour la plupart d'entre nous, la recherche du plaisir et de l'agréable reste un excellent moteur pour agir.

Ne croyez pas que les ex-fumeurs font preuve d'abnégation ou d'une volonté exemplaire. Ils ont simplement découvert un plaisir plus fort que le plaisir de fumer. Un vrai grand plaisir, gratifiant, valorisant, qui mêle l'action des morphines internes à l'expérience extrême d'avoir décidé librement quelque chose pour soi. Le lien au tabac était artificiellement maintenu par des croyances, la suppression du tabac permet ce retour à une normalité pourvoyeuse de plaisir.

Objectif : interrompre le rituel artificiel du tabagisme et voir le naturel revenir au galop, assorti du plaisir de guérir.

3 La méthode

L'hypnose pour réussir votre sevrage

Lisez ce livre dans l'ordre des chapitres pour ressentir la progression du raisonnement.

Lisez ce livre dans le désordre des chapitres selon votre curiosité.

Lisez ce livre en étant simplement sincère dans votre désir d'arrêter de fumer.

Lisez ce livre en vous moquant de savoir si vous êtes prêt(e) ou non.

Utilisez votre sens critique pour évaluer tout ce qui est avancé et y réagir. Tout ce qui est écrit dans ce livre est vrai. L'ensemble du texte est tiré de mon expérience clinique et de ce que les patients ont pu me dire à propos de leur tabagisme depuis vingt-sept ans. Commentez, critiquez jusqu'à ce que vous tombiez sur quelques propositions qui vous conviennent.

Laissez-vous porter par le rythme des mots et des images, par le sens des mots, mais souvent par leur seule musique.

Si vous êtes fumeur, vous savez votre souffrance, nul besoin d'insister davantage sur elle.

Si vous avez besoin de ressentir cette souffrance pour vous éloigner du tabac, alors lisez en ressentant bien la présence des poussières du tabac dans votre corps.

Espérons que ce livre retienne suffisamment votre attention pour vous aider à résoudre un problème grave qui vous a été posé il y a bien longtemps.

Tout ce qui est pervers est difficile à résoudre.

Examinons le problème :

Au dire des fumeurs, le tabac est un plaisir, mais il est également une souffrance.

Le tabac soulage le stress mais également en ajoute.

Certains affirment que le tabac les aide à vivre, mais aussi les aide à mourir.

C'est le propre des systèmes pervers de nous mettre dans la difficulté à répondre et ainsi d'engendrer l'indécision.

Tant que la personne ne peut répondre clairement à ces questions, elle restera immobilisée et portera ce problème indéfiniment, parfois jusqu'à la mort.

Voici votre premier exercice pour guérir. Il y a en aura plusieurs tout au long de ce livre. Celui-ci est fondé sur **la visualisation**. Il est bref. Lisez-le d'abord avant de le faire mentalement.

Exercice
Durée : 2 minutes

Imaginez-vous en train de porter sur votre dos tous les problèmes de votre vie que vous n'avez pas encore résolus. Vous marchez avec un gros sac à dos qui ralentit votre progression et vous épuise physiquement. Puis vous retirez un élément particulièrement lourd de votre sac, vos épaules se redressent et vos jambes et votre souffle et tout votre corps en ressentent du soulagement. Observez votre corps. Si vous percevez réellement un mieux-être dans vos muscles des jambes, dans le dos, dans votre respiration, c'est que vous avez bien réussi votre visualisation. Si cela n'est pas le cas, refaites les étapes tranquillement une seconde fois, mais pas davantage.

La visualisation est une première étape qui reste pourtant insuffisante. La perception corporelle est nécessaire pour rendre l'exercice opérant. Vous savez que vous avez bien fait l'exercice si vous avez ressenti de l'oppression sous la charge du sac puis du soulagement à l'évocation de la décharge.

Faites les exercices qui vous sont proposés. Ne vous contentez pas de les lire. Une bonne compréhension intellectuelle du texte est tout à fait insuffisante. Seules l'expérience et la pratique peuvent modifier notre perception d'un problème, le mettre à notre portée et nous faire reprendre confiance en nous.

Le but de ce livre est de vous permettre de vous extraire vite et bien d'un problème créé de toutes pièces par la société actuelle, afin que vous puissiez poursuivre votre chemin plus tranquillement sur terre, avec une charge en moins.

Appliquer l'hypnose au tabagisme

Mon père est mort d'un cancer du poumon en 1988. Il avait commencé à fumer à l'armée en 1936. Mobilisé en 1939, il fumait les cigarettes distribuées aux appelés du contingent. Après la fin de la guerre et sa démobilisation, l'habitude était prise et il la garda pendant près de cinquante ans. Il était d'une résistance physique et morale étonnante, il était bâti pour faire un centenaire comme sa propre mère, mais le tabac ne lui a laissé aucune chance d'y parvenir.

J'ai également été tenté de fumer vers l'âge de 17 ans. Je suis devenu fumeur en quelques mois. J'aimais bien le fait de me sentir plus adulte en fumant, je sortais de l'adolescence par ces rituels accompagnés d'accessoires réservés aux hommes. Puisque les enfants en général ne fument pas, je marquais bien mon passage à la maturité en achetant régulièrement mes paquets de cigarettes.

Puis, au bout d'un an, je me suis lassé de ces rituels que je ressentais comme contraignants. J'éprouvais une perte d'intérêt pour le tabac. Ma future femme fumait également et nous avons arrêté ensemble.

J'ai fait mes études de médecine à Paris, ce qui m'a confronté régulièrement à l'hôpital avec les conséquences médicales du tabagisme.

Sitôt mon installation en médecine générale, je me suis intéressé à la dépendance tabagique. J'ai ainsi accompagné, dès 1978, de très nombreux patients vers le sevrage en utilisant l'acupuncture.

Quelques années avant sa mort, mon père, sachant que j'aidais de nombreux fumeurs à arrêter de fumer, était venu me demander de l'aider lui aussi. Il y était parvenu puis, avec le temps, réussissait à ne prendre qu'une à deux cigarettes par jour. Mais le trop-plein de dépôts toxiques dans ses poumons a fini par produire des cellules malignes et il est mort en neuf mois à 70 ans, en 1988.

Cela faisait déjà dix ans que j'aidais les fumeurs à arrêter de fumer avec l'acupuncture, puis exclusivement avec l'hypnose. Cette dernière thérapie m'était apparue plus complète pour traiter cette toxicomanie.

Les avertissements répétés de ma mère ont su épargner à ses trois enfants – qui ont tous embrassé des carrières médicales – de s'intéresser durablement au tabac. Je n'ai jamais perdu de vue les conseils alimentaires et d'hygiène de mes parents et me suis lancé sitôt la fin de mes études de médecine dans la désintoxication des patients alcooliques et/ou tabagiques.

J'ai donc été très tôt « conditionné » pour traiter préférentiellement ces pathologies et l'influence de ma mère n'y est pas étrangère.

En 1980, je découvre l'hypnose au travers de nombreuses lectures que j'absorbe avec avidité. Le sujet se révèle passionnant mais encore obscur pour moi. Je décide de l'appliquer sur quelques patients volontaires. Les succès obtenus n'ont pas dissipé la difficulté que j'avais à cerner cette thérapie.

Je décide donc de me former dans une des rares écoles sérieuses d'hypnose qui existaient à l'époque. Les docteurs Léon Chertok et Didier Michaux m'accueillent et me forment à l'hypnose. Au cours de cette formation, je rencontre pour la première fois François Roustang, philosophe et clinicien chevronné qui me laissera une impression forte et durable. Quand en 1996 je déciderai à mon tour d'ouvrir une école d'hypnose, il sera le premier que j'irai trouver pour m'aider dans cette entreprise.

De tous les praticiens de l'hypnose que j'aie rencontrés ou lus, François Roustang et Milton Erickson sont certainement ceux qui ont le plus agi par leurs travaux et ouvrages pour m'encourager à poursuivre dans cette voie.

Dans ce livre, je ne reviendrai pas dans le détail sur les nombreux travaux évoquant la nocivité et la dépendance pharmacologique des produits contenus dans le tabac et les cigarettes.

Mon propos sera centré sur ce moyen étonnant qu'est l'hypnose pour couper l'addiction au tabac.

Ceux qui veulent recourir à l'hypnose sont parfois curieux de l'aspect magique de cette thérapie que l'on ne comprend pas bien et qui agit tout de même. Pour ceux-là, il faudra prévoir des tâches qui les responsabilisent dans leur quotidien et qui leur attribuent une bonne part du succès de cette entreprise.

Mais surtout, le recours à l'hypnose montre la croyance que les patients ont en leurs propres ressources, la certitude qu'ils disposent de capacités physiques et mentales pour accomplir ce sevrage.

À la question que l'on me pose souvent : « Quelle est la particularité des patients qui ont recours à l'hypnose ? », je réponds : « Le recours à l'hypnose témoigne de la confiance qu'ont ces personnes dans leur propre corps et dans leurs propres capacités physiologiques à dépasser le manque. »

Je reçois un matin un monsieur de 45 ans, fumeur, qui travaille dans les médias.

« Je tiens, me dit-il, la statistique de tous les fumeurs que je vous ai adressés et qui ont réussi leur sevrage. Je les côtoie tous régulièrement et peux ainsi vérifier leur abstinence. Le taux de succès est actuellement de 70 % sur plus de deux ans. Fort de cette constatation, je viens à mon tour tenter l'hypnose pour mon tabagisme. »

Le chiffre qu'il me donne est très supérieur aux statistiques habituelles. Il semble toutefois être fiable dans son observation. À l'interrogatoire, je comprends qu'il existe une forte émulation et compétition entre toutes ces personnes qui sont favorablement conditionnées avant même de venir me consulter. Il s'agit d'un groupe particulier de patients qui sont déjà hypnotisés en franchissant le seuil de mon cabinet. L'attente positive est maximale et dope les taux d'efficacité.

De très nombreuses études ont montré l'efficacité et l'intérêt de l'hypnose dans des indications aussi variées que le contrôle de la douleur (plus de cinq cents études ces vingt dernières années), la médecine interne et la psychiatrie en particulier. Toutefois, il existe assez peu d'études cliniques qui soient bien menées et qui évaluent l'efficacité de l'hypnose dans le sevrage du tabac. Il existe également des études qui ne montrent pas une réelle supériorité de l'hypnose dans cette indication. Souvent, le protocole de l'étude est mal élaboré en raison d'une difficulté à définir l'hypnose. Dans une étude menée par R. Lambe[1] en 1986, il apparaît que le groupe hypnose présente au bout d'un an un taux de succès de 22 % contre 20 % pour le groupe contrôle. Mais, si l'on considère que l'action de la suggestion est déclenchée dès que le thérapeute informe le fumeur qu'il va pouvoir

1. Lambe R., Osier C., Franks P. (1986), « Essai contrôlé randomisé d'hypnothérapie pour cesser de fumer », *J. Fam. Pract.* 22 (1) : 61-65.

arrêter de fumer avec les séances qui vont suivre, peu importe la procédure engagée, le fumeur est déjà disposé au sevrage. Il se met en hypnose pour recevoir le changement et les deux groupes obtiennent des résultats équivalents. Le thérapeute est bien naïf de croire que son patient va attendre sa consigne pour entrer ou non en état hypnotique. L'hypnose est présente dans les deux groupes. L'expérimentateur conclut en affirmant que **l'éducation scolaire est le seul élément prédictif du succès**. Autrement dit, il faut utiliser le conditionnement par l'information dès l'enfance pour imprégner durablement le cerveau des humains. Là encore, c'est l'hypnose qui permet cette imprégnation.

G.R. Elkins et M.H. Rajab[2] en 2004 rapportent un taux de 48 % d'abstinence à un an. Pratiquement un patient sur deux a pu s'arrêter de fumer. Ce taux de succès paraît réellement élevé en comparaison des résultats des autres études, ce qui tient peut-être au recueil des informations. Désormais, un simple questionnaire ne suffit pas, il faut vérifier dans l'air expiré et dans les urines la confirmation du sevrage.

Un récapitulatif des travaux sur les traitements du tabagisme, dirigé par M. Davoli, montre une efficacité équivalente au bout de six mois des approches suivantes : le simple conseil médical, une intervention structurée par des

---

2. Elkins G.R., Rajab M.H. (janvier 2004), *Int. J. Clin. Exp. Hypn.* 52 (1) : 73-81.

infirmières, une thérapie de groupe, des substituts nicotiniques et le bupropion. L'auteur remarque qu'il est même possible de s'arrêter seul sans aucune intervention extérieure. Comment faire la part de ces différentes approches thérapeutiques ? La suggestion infiltre chaque geste, chaque mot, elle ressemble à l'effet placebo et échappe à l'expérimentateur. L'hypnose par le biais de la suggestion est présente dans chaque groupe et s'est déclenchée dès que le patient a été informé qu'il allait participer à une étude sur le sevrage du tabac. L'hypnose est cette disposition qui nous permet de nous mettre en relation avec notre corps et notre espace pour faire des expériences d'absorption, d'incorporation ou de détachement.

L'hypnose et la recherche

Les obstacles à la réalisation d'études cliniques contrôlées évaluant l'hypnose sont nombreux.

Il n'existe pas de services hospitaliers et de médecins qui soient dévolus à la pratique de l'hypnose. Il existe des cardiologues dans des services de cardiologie, mais il n'existe pas d'hypnologues dans un service d'hypnologie qui entreprendraient travaux et recherches dans ce domaine. La plupart des hypnothérapeutes pratiquent en ville, en privé ou sont simplement attachés dans des services hospitaliers et ne peuvent mener facilement des études cliniques.

L'hypnose n'est pas une thérapie très répandue. Malgré un accueil très favorable, la plupart des médecins ne l'ont pas étudiée à l'université. De ce fait, il existe encore assez peu de praticiens en hypnose qui pourraient lancer des études cliniques.

Une étude de ce genre ne peut obtenir le soutien financier de laboratoires pharmaceutiques (et nous le comprenons bien) qui permettrait la réalisation, assez coûteuse sur le long terme, six mois au minimum, d'un suivi médical de nombreux patients.

La pratique de l'hypnose est plus élaborée que la simple délivrance de médicaments. Elle implique une participation active du thérapeute qui adapte son traitement (suggestions, métaphores, aversion) en fonction du discours et de la personnalité de chaque patient. Le protocole de traitement ainsi que les résultats recueillis varient considérablement d'un thérapeute à l'autre.

L'hypnose n'est pas une méthode ou une technique que l'on pourrait comparer à d'autres. Elle est **un processus relationnel** qui se déroule entre une personne et son espace de vie, y compris le thérapeute et y compris ce livre, pouvant dans le meilleur des cas autoriser un changement. Le quatrième état de l'organisme après la vigilance, le sommeil et le rêve[3] n'est pas à rechercher dans l'organisme, mais dans l'espace fait de liens entre un individu et sa conception du monde et entre ce qui relie un être à la totalité du monde existant.

---

3. F. Roustang, *Qu'est-ce que l'hypnose ?*, Paris, Éditions de Minuit, 1994.

Autant dire que cette définition de l'hypnose ne facilite pas les études cliniques sur l'hypnose.

Tous ces éléments ne doivent pas décourager les médecins et les psychologues d'entreprendre au plus vite un relevé des différentes pratiques de l'hypnose et d'établir des protocoles expérimentaux, tels qu'ils sont élaborés dans les études sur la douleur, afin d'évaluer au mieux l'utilité ainsi que le mode d'utilisation optimal de l'hypnose dans le sevrage du tabac. La formation de thérapeutes de plus en plus nombreux devrait participer à cette évolution souhaitable et nécessaire au renouveau de l'hypnose.

Le but de ce livre n'est pas de démontrer la supériorité de l'hypnose sur d'autres traitements pour en finir avec l'addiction au tabac, ni même de convaincre les fumeurs d'y recourir. Le but initial est de tenter de comprendre comment un lien si profond et si durable au tabac peut un jour être rompu sous l'effet de simples suggestions hypnotiques. C'est ce que tout praticien de l'hypnose qui s'intéresse aux addictions peut régulièrement observer dans sa clientèle et souvent pour un tabagisme majeur et ancien.

L'objectif est également de montrer que, pour guérir, nous nous mettons dans l'état hypnotique qui nous permet de recevoir de manière bénéfique soit les suggestions d'hypnose, soit un autre traitement qui a notre faveur, par exemple l'acupuncture, les substituts nicotiniques ou toute autre approche proposée.

Bon nombre de collègues qui sont venus se former à l'hypnose dans les écoles d'hypnose que j'ai créées ont été encouragés à l'utiliser devant les succès qu'ils ont obtenus spécifiquement pour cette indication. La surprise et l'enthousiasme de leurs patients « miraculeusement » sortis du tabagisme les ont convaincus et les ont vraiment décidés à appliquer l'hypnothérapie régulièrement.

Le but de ce livre est de vous montrer que le sevrage du tabac est à votre portée. Vous disposez des moyens mentaux et hormonaux suffisants pour interrompre même brutalement votre dépendance au tabac, et tout cela en associant la lecture attentive des chapitres à votre désir sincère d'en finir avec cette souffrance. Votre sevrage peut intervenir en cours de lecture ou plus tardivement au dernier chapitre sur le mot FIN, qui signifiera alors pour vous la fin d'une grave maladie.

4

L'hypnose, un art du soin

Il existe un diplôme universitaire d'hypnose

En 1995, je décide d'ouvrir une école d'hypnose. L'enseignement de l'hypnose tel qu'il se déroulait dans des instituts privés me semblait incomplet et mal adapté aux médecins. Je demande à François Roustang s'il veut bien se joindre à cette aventure. Il accepte assez rapidement et fait toujours partie du collège enseignant. Sa vision de l'hypnose est lumineuse, ainsi que son sens de la pédagogie. Beaucoup des thèmes développés dans ce livre sont imprégnés des nombreuses conversations que nous avons eues ensemble, et j'espère pouvoir en partager bien d'autres avec cet homme érudit, passionné et généreux. Plusieurs collègues médecins et psychologues ont bien voulu nous rejoindre pour donner corps à cette entreprise. En quelques années, le nombre d'inscrits à la formation à l'hypnose est passé de quinze à cent-vingt médecins et psychologues par an.

Parallèlement, le public et les médias se sont vivement intéressés à l'hypnose pour soigner. De très nombreux articles et reportages télévisés ont présenté la pratique de l'hypnose en France, et plus particulièrement dans le sevrage du tabac. Le sensationnel fait toujours recette et l'intervention de l'hypnose pour guérir un tabagisme important et ancien, et souvent en une seule séance, séduit beaucoup le public avide d'extraordinaire.

Pendant ce temps, les demandes de formation émanant de collègues ne cessaient de croître.

Il me vient alors l'idée d'officialiser la pratique de l'hypnose en créant un diplôme universitaire dans cette spécialité. Ma demande est faite auprès du professeur Pierre Coriat, chef du service d'anesthésie-réanimation de La Pitié-Salpêtrière. En 2001, la première promotion est constituée de trente-trois médecins venus découvrir les applications de l'hypnose en médecine et en anesthésie.

Depuis, nous recevons plus d'une centaine de demandes de formation par an. Médecins généralistes, anesthésistes, psychiatres, dentistes, neurologues, gynécologues, gastro-entérologues et autres spécialistes fréquentent ces cours où l'enthousiasme le dispute à la curiosité.

Cent ans après Charcot, sur les lieux mêmes que fréquentaient tous les tenants de l'hypnotisme du temps où l'hypnose française rayonnait sur le monde entier grâce à l'aura de ce précurseur et de ses « leçons du mardi », l'hypnose est enfin revenue à l'hôpital de La Pitié-Salpêtrière sous la forme d'une formation officielle universitaire.

Il demeure une énigme, une de plus au compte de l'hypnose : pourquoi une thérapie qui a fait l'objet de tant de pratiques et de recherches, sur laquelle tant de livres et de discussions ont eu lieu, n'avait-elle jusqu'à présent pas trouvé d'enseignement officiel à la faculté de médecine ? À notre connaissance, il n'existe pas en Europe, au Canada ou aux États-Unis de formation équivalente dispensée par l'université.

L'hypnose a traversé beaucoup de turbulences. Elle est une médecine qui guérit tout, selon Franz-Anton Mesmer. Les commissaires du roi Louis XVI la décrètent « médecine d'imagination ». Les bateleurs de foire s'en emparent et caricaturent sa pratique. Hegel comprend tout et écrit un chapitre lumineux sur le magnétisme animal dans *La Philosophie de l'esprit*. Charcot l'assimile à l'hystérie et y voit un processus pathologique. Bernheim à Nancy lui trouve de larges applications. Freud, dépassé par le phénomène, déclare vouloir l'abandonner. Erickson magnifie sa pratique et finalement Roustang situe et explique le processus.

Est-il possible que l'hypnose prenne définitivement sa place dans le cursus universitaire et dans la pratique médicale ? Si l'on se réfère à l'histoire, cela n'est jamais arrivé. Sa position a toujours été éphémère. Connaissez-vous une seule autre science utilisée par tant de médecins qui ait disparu à la mort de son principal promoteur ou qui retombe dans l'oubli dès qu'elle bouleverse trop la société ?

Le but de ce premier diplôme universitaire d'hypnose est premièrement d'installer l'hypnose au sein de la médecine et de la recherche clinique et fondamentale de telle manière que les moyens modernes comme l'imagerie cérébrale puissent l'explorer. Deuxièmement, d'intéresser suffisamment de praticiens qui feront en sorte qu'elle ne quitte plus le champ de la médecine.

Il est également possible que ce soit la particularité de l'hypnose d'être étrange, insaisissable, nous questionnant sans arrêt, jouant avec la logique et l'absurde, d'être tout puis rien. Les personnes qui en ont bénéficié pour arrêter de fumer déclarent souvent n'avoir rien compris et ne pas savoir réellement ce qui les a guéries. Il n'est pas rare que les patients qui sortent d'une séance d'hypnose aient l'impression qu'il ne s'est rien passé, qu'ils ont dépensé de l'argent pour rien et hésitent entre charlatan et magicien pour décrire leur thérapeute ; puis finalement, lorsque le sevrage est accompli, ils lui vouent une profonde reconnaissance. N'est-ce pas le fait même de vivre qui nous fait balancer entre ces extrêmes où rien n'est jamais acquis ? Est-ce que l'hypnose n'est pas là pour questionner le thérapeute et lui rappeler que c'est le patient qui est son propre thérapeute ? Le praticien fait tout puisque rien ne se fait hors de sa présence, et il ne fait rien puisque c'est le patient qui dispose de ressources pour changer. L'hypnose nous place au centre des paradoxes.

Il y aurait un grand profit pour l'hypnose médicale à voir se développer les discussions et les recherches autour de sa nature et de sa pratique. Le nouveau diplôme universitaire pourrait être le lieu de ces échanges.

Vous connaissez déjà l'hypnose

Nous pouvons observer deux phases dans le processus hypnotique. Deux phases que nous retrouvons dans de nombreuses activités du quotidien.

La première phase est la fixation.

Lorsque nous regardons avec une attention soutenue un film ou une émission de télévision, nous nous mettons spontanément dans un état de fixité. Tentez de détourner l'attention d'un enfant du poste de télévision et vous pourrez mesurer la puissance de cette attraction qui s'exerce même pour un spectacle médiocre.

Pour pouvoir écouter une musique et l'apprécier, nous devons faire abstraction de l'environnement jusqu'à ce que le rythme et la mélodie traversent notre corps et nous fassent ressentir du plaisir.

Nous pouvons ainsi fixer toutes sortes d'éléments. Un livre, tel que celui que vous tenez dans vos mains, un dossier professionnel que vous devez mener à bien, une personne qui vous est chère, une activité sportive et également des éléments nuisibles comme le tabac, l'alcool, le cannabis.

L'être humain a cette disposition qui lui permet de fixer indistinctement tout ce qui l'environne pour s'en imprégner et en faire l'expérience.

Pour faire l'expérience d'une chose, nous devons la fixer jusqu'à l'interpénétration. Cela est la condition nécessaire pour nous confronter à cette chose, que ce soit dans un but de loisir ou de travail pour résoudre un problème.

Tout élément fixé longuement finit par nous envahir.

La musique, par exemple, est fixée jusqu'à ce qu'elle résonne dans nos oreilles et se répande dans le corps. Un chercheur penché sur son travail se laisse nécessairement absorber pour voir tous les aspects du problème et avancer des hypothèses et des solutions.

Pareillement et malencontreusement, vous vous êtes mis un jour à fixer le tabac de cette façon obsessionnelle, intense et répétitive jusqu'à ce qu'il envahisse votre corps, chaque organe, votre peau, vos poumons, vos artères, votre pensée et même vos vêtements, vos rideaux, vos canapés.

La fixation s'accompagne de dissociations.

Pour pouvoir fixer à loisir un élément comme le tabac par exemple, il nous faut nous couper d'autres perceptions. Nous oublions le contexte pour mieux prêter attention à cet élément. Ainsi le contact est perdu avec le corps qui, lui, voudrait bien empêcher cette fixation. Puis le contact est perdu avec l'entourage bienveillant qui tente de nous alerter sur ces dangers.

Cette phase peut prendre les caractéristiques de la soumission. La perception est étriquée. Le discours ressemble à des « À quoi bon ! », « Tant pis, il faut bien mourir de quelque chose… », « C'est plus fort que moi, je n'ai pas de volonté ». Vous êtes fermé à toute aide venue de l'extérieur : « Laissez-moi tranquille… je verrai plus tard… je fais ce que je veux… ne vous mêlez pas de ma vie. » À cette étape, toute tentative d'aide, tout conseil paraît moralisateur, agaçant, et risque d'aggraver la dépendance.

À cette étape, la perception du monde est réduite, le sens critique ne peut s'exercer.

Un matin de mars 2004, je reçois une patiente qui m'explique qu'en renonçant au tabac, elle perdrait « son seul signe de rébellion au milieu d'une vie bien conventionnelle ». Je lui réponds simplement que fumer est au contraire la preuve d'une totale soumission au système comprenant les firmes du tabac et l'État français qui en gère la vente. Après quelques secondes de silence, elle dit : « Je ne l'avais pas vu comme ça… » Je sentais alors qu'elle allait partir du bon pied puisqu'elle avait accepté un recadrage, un point de vue différent qui l'avait surprise. Pour espérer un changement, il fallait provoquer une surprise.

« Pour éprouver un sentiment d'événement, il faut que quelque chose dans le réel provoque une surprise et une signification qui rendent la chose saillante. Sans surprise, rien n'émergerait du réel. Sans saillance, rien n'arriverait à la conscience[1]. »

---

1. B. Cyrulnik, *Le Murmure des fantômes*, Paris, Odile Jacob, 2003.

Pour des raisons multiples et parfois mystérieuses ou inattendues comme la surprise, l'horizon s'ouvre et la personne quitte des yeux par intermittence sa fascination pour le tabac. L'espace s'élargit, ainsi que le champ des possibles. L'alerte est donnée dès que la personne réalise qu'elle s'est, sans méfiance, laissé imprégner par des éléments toxiques. Vous êtes alors dans l'hypnose, dans une phase thérapeutique.

Cette deuxième étape de l'hypnose est **la phase du détachement**. Le terme de détachement décrit une rupture des liens toxiques et comprend un renforcement des liens bénéfiques.

Autant la première phase apparaissait comme passive, autant celle-ci signe la contre-offensive.

Si vous avez accepté de lire ce livre, si vous êtes déjà arrivé à ce chapitre, c'est que vous êtes avec certitude à la phase du détachement et de l'ouverture.

Vous avez pratiqué l'hypnose chaque fois que vous avez dû décider de vous séparer de quelque chose ou de quelqu'un. Le détachement nous met dans un déséquilibre, dans une situation de risque qui nécessite **une recomposition rapide de notre monde personnel**. Se mettre dans l'état hypnotique permet ce tissage qui établit de nouveaux liens sur ce qui s'est défait.

L'hypnose est cette disposition vitale qui nous permet d'entrer à nouveau en relation avec notre corps et ses ressources pour pouvoir pratiquer le détachement.

Prenons un exemple : si vous viviez en Europe au XVe siècle, vous auriez certains problèmes, mais pas celui du tabac qui n'était pas commercialisé à cette époque. Donc, le tabac est un produit actuel de notre culture et de notre industrie du moment. L'hypnose nous place hors de ce cadre culturel, hors du temps présent, pour retrouver ce qui est de tout temps : l'instinct de survie, l'adaptation de l'humain à la vie sur terre. En nous ouvrant à l'essentiel, elle nous ouvre au monde.

Hypnose animale

Nous pouvons observer chez les animaux de semblables mécanismes.

Entre proie et prédateur, la phase initiale est celle de la tentative de domination. Quant à la rébellion, elle est aussi hasardeuse chez les humains que chez les animaux.

Lorsqu'un serpent veut attraper un oiseau, il doit d'abord l'immobiliser par la fascination. Est-ce la danse du serpent ou les motifs formés par ses écailles qui tétanisent l'oiseau ? Dès que le volatile se retrouve prostré, hagard, à fixer le serpent, celui-ci peut s'avancer doucement. Et nous voyons bien que si l'oiseau reste dans cette posture qui ne lui est pas naturelle, il va se faire dévorer. Il en est de même des fumeurs. S'ils persistent à fixer obsessionnellement le tabac qui ne leur est pas naturel, ils seront détruits.

Le champ visuel de l'oiseau se réduit au manège du serpent. La fixité lui assure une mort prochaine. Si, par chance, un autre élément apparaît dans son champ visuel comme le mouvement d'une feuille, un rai de lumière, son espace de perception s'ouvre brutalement, il quitte la fascination du prédateur, retrouve son corps et s'envole sans même savoir ce à quoi il a échappé. En fixant le prédateur, il avait oublié son corps et le reste du monde. Il était privé des allers et retours entre le monde et lui, autant d'éléments qui lui donnaient sa place dans le monde des vivants. Dès qu'il quitte du regard le serpent, de nouveau sa vue balaye l'espace et son monde se recompose instantanément, il retrouve également ses perceptions corporelles et en particulier sa nature d'oiseau qui vit une méfiance perpétuelle tant il est vulnérable et s'envole sur-le-champ. Immobile, il était voué à la mort ; mobile, il revient à la vie.

Faisons comme l'oiseau, **méfions-nous de nos fixations obsessionnelles** quelles qu'elles soient, elles nous immobilisent et peuvent nous mener à la destruction.

Exercice

Durée : 3 minutes

Pour mettre en place votre pratique de l'hypnose, voici un exercice simple que vous pouvez pratiquer dès maintenant.

Regardez fixement un objet brillant ou un point dans la pièce où vous vous trouvez jusqu'à ce que cela devienne pénible et fatigant. Ne précipitez pas l'exercice, prenez le temps nécessaire pour fixer uniquement le point sans balayage alentour : notez les modifications qui apparaissent dans votre champ visuel, en particulier le temps qu'il vous faut pour que la vue se trouble dans la périphérie du point fixé.
Puis quittez la fixation et ouvrez l'espace en balayant du regard l'ensemble du décor qui vous environne : notez comme la vue devient claire et précise.
De nouveau, fixez un point le temps qu'il faut, puis remarquez comme le flou visuel réapparaît.

La fixation prolongée d'un objet provoque un flou visuel qui atteint d'abord les éléments autour de l'objet puis l'objet lui-même. En peu de temps apparaît la rêverie, un décrochage hypnotique. L'individu s'est comme absenté de sa relation extérieure, il fonctionne tourné vers lui-même. Faites plusieurs fois cet exercice pour ressentir le passage du restreint à l'ouvert, de l'obsessionnel au détachement.

Cette phase est passionnante, elle contient des éléments de dissociation propres à faciliter votre sevrage.

Voici en résumé les phases que vous allez traverser pour guérir :

Tout d'abord, vous avez tissé des liens avec le tabac et construit votre monde avec cette présence. Puis vous acceptez par **la dissociation hypnotique** de vous défaire des liens de toute nature. Vous ne savez plus que vos bras sont vos bras, que vos cheveux sont vos cheveux ou comment on marche quand le corps s'engourdit. Vous êtes une marionnette désunie qui s'effondre sur le parquet. Cet exercice n'est pas exceptionnel, il se produit tous les soirs à notre coucher, nous nous défaisons du corps et de certaines fonctions, et au matin à notre réveil, nous nous les réapproprions et reprenons contact avec le corps et sa physiologie. Pour remettre en question le tabagisme, vous devez pouvoir tout discuter et critiquer. Cela revient à vous désunir puis à vous reconstituer. Après une longue immobilisation forcée (opération, longue maladie), ce phénomène est plus accentué. Dans *La Nuit de l'oracle*, Paul Auster décrit précisément cette réassociation de la convalescence : « Je relevais d'une longue maladie. On m'avait donné pour mort… je n'avais que trente-quatre ans, la maladie avait fait de moi un vieillard – un de ces petits vieux tremblotants qui marchent en traînant les pieds et ne peuvent en poser un devant l'autre sans regarder d'abord lequel c'est. Dans ma tête un fouillis de signaux confondus et de connexions mentales entrecroisées. Tout tremblotait et vacillait, s'éparpillait en tous sens et, pendant plusieurs semaines, j'eus de la difficulté à discerner où s'arrêtait mon corps et où commençait le reste du monde. J'avais vécu toute ma vie à New York, mais je n'en comprenais plus les rues ni les foules et, à chacune de mes petites excursions, je me sentais comme perdu dans une ville inconnue. »

En se forçant à marcher chaque jour dans la ville, le convalescent retrouve la relation à son corps et au monde. Votre guérison passe par une désunion totale puis par une réunion des éléments sains qui vous constituent – respirer, marcher, parler, s'énerver, aimer dans une organisation nouvelle qui a exclu la maladie tabagique. Comme le héros du roman, vous allez explorer ce nouvel espace étrange pour l'investir et vous l'approprier.

5 La demande de guérir du tabac

Une simple demande ?

Posez-vous la question comme je vous la pose : « Quelle est exactement votre demande ? »

Dès les premières phrases, votre chemin se dessine ainsi que sa problématique.

« Je veux arrêter de fumer », « Je voudrais arrêter de fumer », « J'ai peur d'arrêter de fumer », « On veut que j'arrête de fumer », « Je voudrais simplement réduire ma consommation », « Je voudrais pouvoir dans quelques mois n'en fumer que quelques-unes par jour », « Je veux arrêter de fumer, mais à condition de ne pas grossir ».

Les formulations varient à l'infini suivant les personnalités et les situations de vie.

Se poser simplement et à haute voix les questions permet de mieux les résoudre.

Il n'y a pas à poser de conditions pour arrêter de fumer.

Imaginez que vous êtes dans une forêt en flammes, en train de vous dire : « Je veux bien courir et me sauver, mais à condition d'avoir de bonnes chaussures confortables à mes pieds », c'est aussi ridicule que cela. Vous êtes menacé par un danger réel, mortel, et vous restez immobile, prostré, à dire : « Je veux bien me sauver, mais à condition de ne pas prendre un kilo », « … mais à condition de pouvoir continuer à me concentrer aussi bien qu'avant, mais à condition de ne pas être énervé » ! La mort vous poursuit et vous continuez à poser des conditions à votre fuite.

Vous avez à choisir entre la vie à saisir et la mort qui vous menace, et le choix vous semble difficile à faire ?

Comment des personnes parfaitement sensées par ailleurs peuvent-elles tenir ce langage et présenter ce phénomène curieux ? Le processus en est simple. À force de vivre avec ce danger constant à proximité, la personne s'adapte à cet environnement et le vit comme une situation naturelle qui fait partie du décor. Elle n'a plus le recul nécessaire pour envisager un environnement plus sûr. La peur, le risque, le danger deviennent familiers et la personne croit les avoir apprivoisés.

Encore un autre phénomène curieux : croire que le tabac est maîtrisé et épargne le consommateur qui l'utilise depuis longtemps. « Il ne va pas me faire du mal, après tout ce que nous avons vécu ensemble ! » Mais le tabac détruit sans discernement tous ceux qui s'en approchent. C'est un jeu pervers où tout le monde perd ! Vous pouvez refuser d'y participer.

Évaluez votre demande

Depuis plus de vingt-cinq ans que je reçois des fumeurs, je suis obligé de constater que les réponses au questionnaire médical et de motivation ne sont pas du tout prédictives de la réussite du sevrage. Elles donnent quelques éléments qui permettent parfois d'anticiper sur la suite du sevrage. En particulier, les tests de dépendance nicotinique sont de peu d'intérêt pour la pratique de l'hypnose. Ils ne servent que pour la prescription de substituts nicotiniques. L'efficacité de l'hypnose ne dépend pas du niveau de dépendance nicotinique mais de la façon dont la personne s'est liée au tabac et dont elle est en train de s'en lasser.

Mais alors, à quoi servent les différents questionnaires pour l'hypnothérapie ? Dans le cas d'un sevrage en consultation privée, ils servent à établir une relation entre soignant et soigné. Ils servent à glaner des informations qui seront utilisées au cours de la séance d'hypnose. Ils servent à connaître la sincérité et le niveau d'engagement du patient. Le traitement sera orienté en fonction de ces données fournies au cours de cet entretien individuel. Dans le cas d'un sevrage à l'aide de ce livre, les tests sont véritablement inutiles, tandis que savoir précisément la réalité de la demande est primordial pour la suite.

À la question simple et presque naïve : « Pourquoi voulez-vous arrêter de fumer ? », vos réponses fusent dans toutes les directions :

– pour ma santé, pour ma peau ;
– j'en ai fait le tour, j'en ai marre ;
– je vais être papa ;
– je suis enceinte ;
– l'odeur me dégoûte ;
– pour mes enfants, qui me le demandent ;
– je viens de faire un infarctus ;
– j'ai une lésion sur une corde vocale ;
– mon dentiste, mon chirurgien plasticien, mon stomatologue ou mon ORL, me le demande impérativement ;
– je n'arrive plus à courir sans être très essoufflé ;
– je veux vivre longtemps ;
– j'ai de la bronchite chronique ;
– je n'aime pas dépendre (être dépendant) de quelque chose.

Nous ne pouvons pas faire la liste des bonnes et des mauvaises motivations tant une même situation peut être vécue différemment selon les personnes.

La grossesse, par exemple, ou l'annonce d'une pathologie grave, peut surprendre une personne dans la nécessité impérative mais contraignante de s'arrêter de fumer, ce qui explique sa difficulté à se sevrer dans un contexte qui apparaît, vu de l'extérieur, heureux ou urgent. C'est la raison pour laquelle un tiers des femmes enceintes maintiennent leur consommation de tabac. D'autres vont parvenir facilement à s'arrêter de fumer et même à éprouver de l'écœurement pour la cigarette, mais rechuteront sitôt la naissance de leur enfant. Elles sont très sensibles au corps de leur enfant qu'il faut protéger, mais pas à leur propre corps qui attire moins de sollicitude de leur part. Pour d'autres encore, ce sera l'occasion très attendue de mettre un terme au tabagisme. Il leur manquait un élément décisif qui vient de se présenter.

Dans une maternité en Norvège[1] en 1992-1993, il a été proposé deux séances d'hypnose aux femmes enceintes pour qu'elles réduisent ou arrêtent leur consommation de tabac. Seulement 10 % d'entre elles ont pu arrêter et 42 % réduire. Le contexte dans lequel se fait le traitement est essentiel. Cette étude prouve que la culpabilisation ou la responsabilisation forcée crée une pression, une attente préjudiciable à la réussite du sevrage. Les femmes enceintes sont venues à la maternité pour accoucher; profiter de leur présence pour les désintoxiquer est une décision qui émane des soignants, il n'est pas facile pour ces femmes de reprendre cette décision à leur propre compte. D'une manière générale, **s'arrêter de fumer est un acte libre** qui ne souffre ni pression, ni moralisation, ni contrainte. L'annonce d'un événement grave de santé ou d'une situation heureuse n'est pas systématiquement déterminante pour le succès

---

1. Valbo A., Eide T. (1996), « L'arrêt du tabac pendant la grossesse: l'effet de l'hypnose dans une étude randomisée », *Addict Behav.* 21 (1) : 29-35.

du sevrage. La demande d'hypnose doit émaner de la personne qui décide pour elle-même ce qu'elle fait de sa vie et de son corps.

L'interrogatoire des patients par l'hypnotiseur ou se poser à soi-même ces questions ne sert pas à établir la liste des raisons heureuses ou malheureuses de s'arrêter de fumer, mais plutôt à observer comment on se situe par rapport à ces raisons. Est-ce que vous les tournez à votre avantage ou à votre désavantage, et comment ce livre peut vous aider à faire une bonne utilisation des raisons invoquées.

Les questions à se poser

La suite des questions que vous devez vous poser va vous aider à définir votre cadre de traitement en glanant quelques renseignements fort utiles.

❑ ***Avez-vous déjà tenté de vous sevrer du tabac ?***
Si vous n'avez jamais tenté ce sevrage ou si vous l'avez déjà tenté mais sans y parvenir, il est possible que vous doutiez de votre capacité à le réussir.

Dans le cas d'une réussite précédente, même si elle n'a duré que quelques mois ou quelques semaines, il sera intéressant que vous utilisiez ce souvenir de succès même interrompu pour que vous vous remettiez dans la même sensation de soulagement déjà ressentie.

Il est possible que les tentatives précédentes se soient mal passées. Votre travail consistera alors à utiliser une autre approche dans laquelle par exemple l'idée de privation disparaîtra au profit de la sensation de liberté. Nous voyons avec ce court énoncé que la variabilité des situations est infinie et qu'un traitement, pour être efficace, devra tenir compte des spécificités propres de la personne.

Un sevrage ne ressemble jamais à un autre. Nous comprenons que cela est vrai si l'on considère plusieurs personnes, mais cela vaut aussi pour une même personne qui, selon les périodes de sa vie, trouvera une motivation particulière à s'arrêter de fumer et peut vivre ce changement de manière profondément différente. Le sevrage pourra s'accompagner de signes de manque importants ou dans une totale facilité selon d'innombrables variables.

Cela nous conduit à rappeler que l'hypnose ne s'adresse pas à une maladie que l'on va toujours soigner de la même manière, mais à une personne qui se remet en cause dans sa totalité et sa complexité.

« Je me suis déjà arrêté de fumer tout seul, me dit un patient, mais là, je n'y parviens plus. » Je l'exhorte à me décrire comment il s'y prenait. Il me décrit alors exactement une séance d'autohypnose.

« Si je l'annonce fièrement en faisant de grandes déclarations, alors j'échoue. Il faut que cela n'ait l'air de rien, que je m'arrête discrètement sans en parler à quiconque, au jour le jour, sans pression ni tapage. Dès le matin, je repousse le moment de fumer d'heure en heure en me disant que je verrai plus tard, que je fumerai demain. Puis d'heure en heure, et de jour en jour, je gagne du terrain. Ma décision prend forme et mon sevrage s'installe. »

Cette personne était en train de me décrire « sa technique » pour arrêter de fumer et sa difficulté à retrouver la même sensation de détachement.

Je lui explique alors comment pratiquer l'hypnose telle qu'elle est décrite dans ce livre pour retrouver le chemin psychocorporel de la guérison.

Il y a donc **un chemin pour s'éloigner du tabac** et pour ne plus le croiser. La pratique de l'hypnose permet de le retrouver puis de l'emprunter pour régler ces problèmes d'attachement pathologique.

Les fumeurs sont de plus en plus nombreux à avoir entendu parler de l'hypnose et veulent y recourir en première intention.

Un groupe important est constitué par les récidivistes qui ont un peu tout tenté pour se débarrasser du tabac. Certains ont mal vécu leurs tentatives précédentes à cause des effets secondaires du sevrage. Sont invoqués la prise de poids, l'anxiété, un syndrome dépressif, une extrême irritabilité. Ils appréhendent une réapparition de ces symptômes gênants qui ont parfois causé la rechute. Ces phénomènes substitutifs seront abordés plus loin, ainsi que la façon de les résoudre, parce qu'ils sont une vraie résistance au changement et une difficulté à s'adapter à d'autres gestes moins destructeurs.

L'expérience montre que l'apparition de symptômes de manque ne se reproduit pas forcément à chaque tentative de sevrage. Quand les conditions favorables sont réunies, l'arrêt du tabac par l'hypnose peut se vivre très agréablement, même avec une intoxication ancienne et marquée de quarante à cinquante cigarettes par jour.

La prise en compte de vos habitudes alimentaires et de vos conditions de vie est nécessaire pour un bon déroulement du sevrage du tabac.

Il est rassurant de savoir que c'est tout le comportement qui est pris en compte et pas seulement une addiction.

❏ *Avez-vous un entourage fumeur ?*

Le tabagisme n'est pas seulement une relation entre une personne et une substance, c'est aussi une relation à un conjoint, à des amis ou à des collègues dont il va falloir se protéger sans se priver de leur présence ou de leur amitié.

Il est possible de bien tenir sa décision malgré un environnement problématique. C'est le travail de l'hypnose de permettre cette distanciation comme nous le verrons plus loin.

Mme S. me dit que le plus difficile dans son cas, ce serait son mari qui pourtant ne fume pas mais qui la noie de critiques et de moqueries dès qu'elle entreprend un sevrage. Par là, elle indiquait la marche à suivre : son pire ennemi dans cette affaire était l'homme avec qui elle vivait, qui avait perdu confiance en elle. Elle y est finalement parvenue en deux séances après trente ans d'intoxication à deux paquets par jour et une grave insuffisance respiratoire qui a bien régressé.

Mlle F. est une jeune fille de 28 ans qui craint la fréquentation de ses amis qui sont tous fumeurs sans exception. Si vous êtes dans ce cas, il faudra travailler les exercices qui vous mettront à distance des fumeurs jusqu'à ce que vous vous sentiez supérieur à leur groupe. Supérieur dans le sens où vous aurez un savoir que les autres n'ont pas. Supérieur comme celui ou celle qui sait nager en comparaison avec ceux qui ne savent pas encore. Il n'y a ni mépris ni suffisance, mais une façon d'être au-dessus de ceux qui sont encore dans la confusion.

Il n'est donc pas nécessaire que l'entourage soutienne activement les candidats au sevrage, mais il convient que ceux-ci soient respectés dans leur décision et trouvent un peu de compréhension autour d'eux afin que leur soit accordé un peu de cet espace propre et sain qui favorise leur démarche.

❑ *Est-ce que vos parents fument ou fumaient ?*

De l'identification à la répulsion, tout peut se voir dans les familles où les parents fument. Il est grave de banaliser l'acte et l'objet et de laisser croire qu'ils font partie naturellement des rituels et accessoires du quotidien.

J'ai aidé un jour une patiente qui fumait une à deux cigarettes par jour, mais qui préférait s'arrêter pour déshabituer ses enfants d'une telle vision.

Cette étape est parfois aussi l'occasion de recueillir des promesses faites à des parents malades ou défunts d'interrompre cette addiction.

Recueillez tous les éléments qui pourront vous aider dans le sevrage et non l'inverse. Non pas pour vous convaincre, mais pour vous faire ressentir que vous êtes déjà sur le chemin.

❑ ***Vous voyez-vous dans l'avenir ne plus fumer ?***

« Non, je n'arrive pas à l'imaginer », « Cela me paraîtrait incroyable », « Cela me fait peur », « Je perds une amie », et parfois tout de même : « Ah oui, quel bonheur ! »

Cette question sert à évaluer vos capacités d'anticipation selon la réponse qui vous vient, en particulier s'il vous paraît difficile d'imaginer passer une journée sans fumer.

Exercice

Durée : 1 à 2 minutes

Cet exercice permet d'aller de l'avant en imaginant l'avenir sans le tabac.

Après vous être installé confortablement, faites venir une rêverie imagée.

Imaginez-vous dans les gestes du quotidien : répondre au téléphone… écrire… lire… finir un repas... en étant libre de vos gestes et pas encombré par les accessoires du fumeur. Visualisez déjà en pensée, en images, à travers une hypnose-rêverie le soulagement au quotidien pour pouvoir le vivre plus facilement dans le réel.

Nous ferons cet exercice une deuxième fois au chapitre 16.

Ne continuez pas à lire ce livre, revenez en arrière et faites vraiment l'exercice décrit.

6 La décision

La décision vient du corps

Il existe une abondante littérature sur les techniques pour arrêter de fumer ainsi que sur la dépendance psychopharmacologique à la nicotine.

Il existe assez peu de textes qui expliquent comment une personne décide un jour de se séparer du tabac. Pourtant, une part essentielle du succès de la thérapie se trouve là.

La décision est un mouvement complet du corps qui s'observe à l'expression du visage, remarque Alain Berthoz[1] : « J'ai l'impression que lorsque nous fronçons les sourcils, nos muscles des bras et du corps se contractent comme avant de bondir en avant. C'est donc en réalité toute une posture qui est préparation d'action, qui accompagne la décision. » Berthoz expose les idées de

1. A. Berthoz, *La Décision*, Paris, Odile Jacob, 2003.

William James sur la décision qui suggère que « la conscience est toujours conscience d'une action » et que « décider c'est vaincre l'indécision ». Suit un texte de James qui reprend presque mot pour mot le discours que nous entendons souvent de la part des ex-fumeurs ayant réussi leur sevrage : « Un jour vient où nous nous éveillons avec le sentiment que tout est clair et bien pesé, qu'un plus long examen n'aurait plus rien à nous apprendre et que le mieux est de prendre sur l'heure une résolution définitive. »

François Roustang[2] partage cet avis en affirmant qu'en premier lieu, c'est la posture de la personne qui a changé. Ce **changement de posture** est la première manifestation de la prise de décision et signe déjà la solution du problème. Il ajoute qu'à chaque personne qui consulte, il faut « supposer le problème résolu », sans quoi le thérapeute fait stagner ou reculer son patient qui est déjà prêt au changement. Il reprend en la retournant la fameuse formule du docteur Knock, ce qui donne : « Tout malade est un bien portant qui s'ignore » et qui consulte pour se voir confirmer qu'il est en train de guérir. Cette formulation est très souvent vérifiée dans le traitement des addictions (alcool, tabac) où l'on remarque qu'une action parfois timide du thérapeute peut suffire à modifier considérablement la vie quotidienne du patient en l'éloignant radicalement de sa drogue. Le patient était prêt à vivre ce bouleversement.

2. F. Roustang, *Il suffit d'un geste*, Paris, Odile Jacob, 2003.

La contre-attaque au tabac est une création de la personne qui a décidé de changer et qui utilise des savoirs anciens mis au goût du jour. Il se met en état hypnotique. La propriété de l'hypnose est de faire circuler l'individu sur son propre territoire qui contient entre autres choses tous les savoirs accumulés depuis la naissance. Il arrive qu'à force de se déplacer dans son monde intérieur, il retrouve un mécanisme de défense qui faisait partie de lui et qui l'éloigne brusquement du tabac dans un mouvement quasi allergique.

La décision contiendrait non seulement l'action, mais aussi les mécanismes mentaux et physiologiques internes qui la permettent. C'est donc toute la solution du problème qui est contenue dans la prise de décision.

Que s'est-il passé dans le cerveau d'une personne qui a subi tant d'années une réelle souffrance et qui retrouve un jour la lucidité ? Il semble que la personne ait pu opérer un **changement de perception** dont elle était incapable jusqu'à présent. Le mystère n'est pas levé pour autant.

Nous pouvons aborder l'ensemble des mécanismes qui rendent compte de ce changement. Ces mécanismes vous sont exposés afin de tenter de rendre plus intelligible votre démarche et de vous inciter à la poursuivre jusqu'au succès. Il est impossible de répertorier dans le détail la totalité des systèmes protecteurs mis en place par un individu pour résoudre un problème. La décision de changer n'est pas plus intellectuelle que physique, elle est la résultante d'un mouvement du corps dans son entier, l'effort pour persévérer dans l'existence, le *conatus* de Spinoza, « la conscience d'une modification du corps ».

Et vous, où en êtes-vous ? Pouvez-vous vérifier que depuis quelque temps, vous êtes différent(e) ? Votre posture, votre attitude a changé puisque vous lisez ce livre. N'êtes-vous pas déjà tellement bien installé(e) sur le chemin que l'on peut vous considérer comme guéri(e) ?

L'argent

Un des critères qui rendent compte assez fidèlement du niveau de décision d'une personne est la capacité à acheter ce livre ou plus exactement à **dépenser de l'argent pour se soigner**. Si vous êtes prêt à dépenser beaucoup d'argent pour acheter du tabac, et cela pendant des années, et que vous ne voulez pas du tout en dépenser pour vous soigner, la conclusion est que votre motivation est insuffisante.

Inversement, si vous avez acheté ce livre et si vous avez déjà fait des démarches qui vous ont coûté de l'argent pour cesser de fumer, vous avez réellement avancé dans votre traitement du tabagisme. Il ne s'agit pas de dépenser des sommes extravagantes, mais de consacrer du temps et un peu d'argent à trouver un traitement adapté à votre personnalité et à vos types de liens au tabac, sans jamais renoncer.

Si vous ne voulez vraiment plus dépenser d'argent pour acheter des cigarettes, demandez-vous : comment ai-je fait pour changer d'attitude à ce point ? Dans ce changement, le mystère de votre décision est contenu. Ne plus pouvoir, ne plus vouloir vous ravitailler montre bien que vous n'attribuez plus de valeur ou d'intérêt à cette substance.

Exercice

Durée : 1 minute

Lisez ces lignes puis représentez-vous mentalement la scène décrite.

Quelqu'un est situé à cinq mètres de vous. Il vous lance un vase précieux en porcelaine chinoise. Voyant venir l'objet, vous faites tout pour bien le rattraper. Ce réflexe est normal.

Autre scène : cette même personne vous lance cette fois-ci une cigarette ou un paquet de cigarettes ou un morceau de résine de cannabis, et vous esquivez l'objet sans le rattraper. Mieux, vous vous déplacez pour éviter son contact comme si on vous avait lancé un fruit pourri ou un sac de détritus.

Cet exercice vous permet de savoir où vous en êtes avec le tabac. Si vous esquivez facilement sans saisir l'objet qui tombe au sol, c'est que vous êtes pratiquement guéri(e).

La peur donne des ailes… parfois

Personne ne peut dire à l'avance si les arguments qui vont suivre auront un impact sur vous. Le mieux est de les lire et vous jugerez par vous-même de l'utilité de ces informations pour modifier votre point de vue et délaisser le tabac. Laissez de côté les culpabilités, les sautes d'humeur, les regrets et les reproches et lisez-les comme un scientifique qui veut augmenter son savoir et ses connaissances.

Le tabac n'est pas à sa place dans le corps, donc il provoque des obstructions et des allergies comme tout corps étranger que le corps s'efforce de rejeter.

Voici ce qui a été observé chez les femmes et les hommes qui fument :

– La fertilité baisse parce que les ovules et les spermatozoïdes sont moins nombreux et de moins bonne qualité ;

– Le nid d'accueil représenté par l'utérus retient moins bien le fœtus qui se décroche ou qui se développe moins bien (hypotrophie) ;

– Les bébés qui parviennent à naître sont plus exposés à la mort subite du nourrisson et se défendent mal contre les virus ou les bactéries ;

– Les artères se bouchent, ce qui refroidit les extrémités et empêche le sang de circuler librement dans le cœur – ce qui provoque en particulier des infarctus ;

– Les risques de cancers sont majorés pour tous les organes : le sein, le côlon, l'estomac, le pancréas, l'utérus ;

– La dépression est plus fréquente chez les fumeurs ;

– De nombreux cancers ne sont pratiquement attribuables qu'au tabac : bouche, langue, poumons, larynx, vessie ;

– Les bronches sont également encombrées chroniquement, ce qui gêne le passage de l'air et essouffle les fumeurs ;

– Chez la femme, l'âge de la ménopause peut être avancé ;

– En raison de tout cela, le fumeur a une mauvaise qualité de vie et, de surcroît, perd vingt ans d'espérance de vie.

Vous auriez pu vous-même écrire cette liste. Il vous aurait suffi d'examiner attentivement votre corps et de reporter toutes les anomalies observées. Mais on peut faire encore plus simple ! Énumérez tous les organes de votre corps et imaginez **tous les dégâts possibles** : usure, irritation, affaiblissement, dérèglement, obstruction, transformation cancéreuse, et vous en saurez autant qu'un médecin : tout ce que vous avez énuméré est vrai et c'est ce qui se produit réellement dans le corps des fumeurs. Pas un organe n'est épargné puisque les toxines, véhiculées par le sang, atteignent les moindres recoins du corps.

Guérir, c'est percevoir la réalité. Ne plus avoir peur de nommer les problèmes pour mieux les résoudre.

Les prétextes

« Je m'arrête pour mes enfants », ou encore « Je m'arrête pour mon conjoint qui a une tumeur des cordes vocales », ou « Je m'arrête parce que ma femme est enceinte », ou encore « pour assurer ma nouvelle embauche dans des bureaux non fumeurs » sont des raisons secondaires qui ne peuvent assurer à elles seules le succès, sauf lorsqu'elles déclenchent des raisons primaires. Dans ce cas, la personne reprend à son propre compte la décision. Il ne s'agit plus du corps de son conjoint, du bébé à venir ou de ses collègues, mais du sien. La puissance de la décision est contenue dans la relation à son corps. Les raisons primaires se réfèrent au corps du fumeur qui donne la mesure du plaisir et de la souffrance. La décision se forme aux confins des limites du corps.

• **Raisons primaires :** Je tousse, je suis essoufflé(e), je ne supporte plus l'odeur, j'en ai marre, je suis fatigué(e), mes dents sont jaunes, ma peau est grise.

Assurez-vous d'être éveillé(e) sur votre propre indicateur qui donne le niveau d'empoussièrement de votre corps. Sur ces raisons primaires décisives, viennent se greffer les raisons secondaires qui contribuent à la solidité de l'entreprise.

• **Raisons secondaires :** Je veux faire plaisir à mon entourage, cela me coûte trop cher, fumer n'est plus à la mode, j'attends un bébé, je n'ai plus le droit de fumer au bureau.

Exercice

Prenez une feuille. Établissez une liste, même sommaire, des raisons primaires essentielles qui se rap-

portent à votre corps et qui vous poussent à arrêter de fumer, exemple : « Pour moins tousser. » Puis, dans une deuxième colonne, écrivez la liste des raisons secondaires qui explorent les liens établis avec votre entourage et qui vous incitent également à vous désintoxiquer, exemple : « Pour mes enfants. » L'ensemble de ces deux listes constitue la trame sur laquelle s'appuie votre décision.

Provoquer la décision

La prise de décision semble échapper à une conscience claire. La posture idéale pour accomplir le geste simple d'arrêter de fumer semble dépendre de très nombreux éléments conjugués. N'essayez pas de contrôler tous ces éléments. Le mieux est de vous entraîner souvent en répétant les exercices et en pensant à quelques phrases telles que celles proposées par Épictète[3] : « Jusqu'à quand différeras-tu de te juger digne des plus grandes choses… Tu n'es plus un enfant… Si tu te négliges, si tu t'amuses, si tu fais résolution sur résolution et si tous les jours tu manques un jour nouveau où tu auras soin de toi-même, il arrivera que, sans que tu y aies pris garde, tu n'auras fait aucun progrès… juge-toi digne dès aujourd'hui de vivre comme un homme qui a déjà fait

3. Épictète, *Manuel*, Paris, Nathan.

quelques progrès dans la sagesse… voilà le combat est ouvert, les Jeux olympiques t'appellent… il n'est plus temps de différer ; et enfin que d'un moment et d'une seule action de courage ou de lâcheté dépendent ton avancement ou ta perte. »

Épictète n'y va pas par quatre chemins. Son discours exhorte à l'action. Il sait que les bons conseils ne sont pas écoutés. Alors, pour secouer un esprit hésitant, il propose des images (« le combat est ouvert ») qui ont valeur de métaphores pour nous mettre en situation sans tarder. Il renvoie la personne à elle-même. Une publicité récente aborde le fumeur sur le même mode : « Le tabac ? Rien ne peut l'arrêter à part vous. » En résumé, **c'est maintenant et c'est vous qui agissez**. C'est une suggestion directe.

Considérez-vous comme un sportif qui s'entraîne avec tous les exercices contenus dans ce livre. L'hypnose de la lecture vous les fait vivre en temps réel en dépassant le stade de l'imagination. Lisez et faites les exercices « comme si vous y étiez ». La totalité de ce livre est un entraînement qui, par la puissance de l'évocation et des suggestions, vous fait trouver la posture qui rend votre décision simple, habile et surtout excitante. Une belle décision est une décision qui donne une vraie jouissance à celui qui la prend.

7 Les exercices pour guérir

Faire tomber du piédestal

Comment se séparer de quelqu'un (ou de quelque chose) que l'on avait mis sur un piédestal, que l'on avait idéalisé ?

C'est une question qui m'a été posée par une patiente désireuse de ne plus aimer un homme qui l'avait fait beaucoup souffrir. Humiliée, volée et trompée, elle continuait de penser à lui amoureusement et me disait : « Je l'ai dans la peau. »

Jean était gagné par la même fièvre passionnelle qui le poussait à crier et à pleurer sous les fenêtres de son amie volage.

Tous les deux analysaient bien leur situation, mais ne pouvaient renoncer à leur attachement. En les écoutant, je remarquai que leur discours ressemblait étrangement à la description que font les tabagiques de leur attachement à la cigarette : un lien amoureux, passionnel mais destructeur.

Pour ces deux patients comme pour les tabagiques, il fallait opérer de la même manière : d'abord faire tomber du piédestal ce qui avait été valorisé par erreur ou par excès.

Cette action est facilitée par le fait que, lorsque les fumeurs se disent décidés, ils ont déjà commencé à déboulonner la statue de son socle. Ils remarquent alors que ce geste les stimule agréablement.

L'ensemble des suggestions sous hypnose va venir conforter le bien-fondé de ce geste : **jeter à terre le bourreau**, et même plus bas que terre !

Cette action est parfois tellement décisive, qu'elle peut, à elle seule, suffire à assurer le sevrage. Le cas clinique suivant l'illustre de manière étonnante :

Une femme me téléphone un soir pour me dire son intention d'arrêter de fumer, mais, ajoute-t-elle, « je ne suis pas encore prête à abandonner ce plaisir ! ». Je lui réponds qu'elle doit attendre d'être prête et qu'il ne s'agit pas d'un plaisir, mais d'une souffrance qu'elle va abandonner. Notre conversation en reste là. Elle me rappelle huit jours plus tard en me disant qu'elle a cessé de fumer depuis notre échange téléphonique qui lui a fait voir le tabac différemment et elle m'en remercie.

Si ce type de sevrage n'est pas fréquent, il n'en est pas moins réel et montre comment un changement de perception peut renverser radicalement tout un système, une construction artificiels.

L'histoire ne s'arrête pas là, puisque cette femme me rappelle plusieurs mois plus tard : « Docteur, vous souvenez-vous de moi ? Je ne fume toujours pas. J'ai un service à vous demander, mon frère part dans quelques heures pour le Brésil, il n'a plus le temps de venir consulter, pourriez-vous également le désintoxiquer par téléphone ? » Je n'ai pas accédé à sa demande. Après avoir bien ri de cette anecdote, je me suis dit que si nous pouvions toujours trouver les mots justes et le comportement adapté, beaucoup de problèmes seraient résolus quasi instantanément. Pour le thérapeute, l'hypnose est un bon exercice qui lui permet de prendre un problème sous des angles si différents qu'il arrive que la bonne réponse finisse par se présenter et seul le patient ou le lecteur, s'il a guéri, pourra en témoigner.

Exercice

Durée : 2 minutes

Posez-vous un instant en faisant quelques respirations, puis visualisez une statue que l'on déboulonne. Regardez bien les détails du travail entrepris par les révoltés pour faire chuter la statue de bronze ou de pierre. Vous ne manquez pas de références, il en est de nombreuses qui sont tombées dans le monde politique ces dernières années. Utilisez également vos propres images et évoquez ce que « tomber d'un piédestal » signifie pour vous, ainsi que les images qui s'imposent à

vous dans cette visualisation. Vous n'avez pas besoin de trouver un sens ou de comprendre l'allégorie pour bénéficier de son efficacité. Votre esprit inconscient ressent très vite l'intérêt et la manière d'utiliser ces images.

Ange ou démon

Les fumeurs décrivent volontiers cette dualité qui tantôt les attire vers leur drogue et tantôt les en éloigne. Ils ont sincèrement envie d'arrêter de fumer, mais gardent un lien avec les gestes du passé.

Tout se passe comme si cela correspondait à des localisations cérébrales différentes. Une zone cérébrale contiendrait l'expression des comportements destructeurs, punitifs, passifs : les malentendus. Le patient adopte une position de soumission qui lui a été dictée par l'environnement et qui l'incite à la passivité, à ne pas résoudre les problèmes.

Une autre zone cérébrale contiendrait la rébellion, le plaisir de vivre et le mouvement. Le fumeur oscille entre ces deux zones jusqu'à pencher plus souvent du bon côté. Dès qu'il se ressent dans la bonne zone cérébrale, dans une proximité avec le corps qui attendait cet éveil depuis longtemps, il décrète qu'il est prêt à s'arrêter.

Certains fumeurs croient avec culpabilité que leur addiction correspond à un geste suicidaire. Il n'en est rien. Il s'agit d'un malentendu ou d'une méprise qui provient d'une construction erronée. Le tabac a, un jour, été installé comme un accessoire utile, voire apaisant, et cette position n'a plus été critiquée. La décision de fumer et les gestes du fumeur ont été perçus comme des remèdes possibles à une situation donnée : conflit familial, anxiété, malaise interne. Paradoxalement, le tabagisme a été adopté comme une thérapie visant à résoudre les problèmes de l'instant. Puis, à force de voir, de sentir, de toucher les objets et accessoires, le corps étranger a été identifié comme partie intégrante de l'individu.

Pour guérir, vous devez simplement critiquer et ainsi retrouver votre zone cérébrale qui a toujours considéré cet objet comme toxique et encombrant. Vous changez de registre, vous changez de mode de pensée parce que vous changez de secteur cortical cérébral, comme un dépressif qui guérit non pas parce que ses problèmes se résolvent mais parce qu'il les pense autrement et dans une autre combinaison hormonale.

Les ex-fumeurs sont souvent étonnés par la soudaineté de leur changement d'attitude. Le matin, dépendants et obsessionnels ; le soir, libres voire allergiques au tabac. Tout se passe comme si ces personnes n'avaient fait que retrouver une façon d'être au monde, un mode d'existence qui n'est pas concerné par le tabac. Cette observation est un autre élément en faveur de ce mécanisme cérébral qui ne supprime pas la zone obsédée et « habitée » par le tabac, mais simplement s'en détourne pour une autre qui convient mieux. Cela explique également la facilité à rechuter dans le tabagisme en retrouvant cette fois-ci la zone cérébrale qui s'intéresse au tabac physiquement par les sites récepteurs à la nicotine et psychologiquement par les rituels et autres gestuelles.

Cette attitude est également illustrée dans le paragraphe suivant.

La « femme battue »

La souffrance de la « femme battue » vient de ce qu'elle n'arrive pas à quitter, pour de multiples raisons, un homme qui la traite cruellement.

Cela ne ressemble-t-il pas étrangement au comportement des fumeurs qui sont, eux aussi, liés à quelque chose qui leur fait du mal ? Ils souffrent au quotidien des blessures que leur inflige le tabac et ne peuvent se rebeller. Ils vivent la même souffrance qui étonne l'entourage non fumeur autant que celui qui regarde avec consternation les violences physiques.

Pendant des années, il est impossible de s'interposer entre le bourreau et la victime. Cela peut durer des dizaines d'années avant que la révolte ne gronde.

Un jour vient où la femme battue par son conjoint refuse ces mauvais traitements et trouve inacceptable d'être ainsi malmenée.

Un jour vient où la violence ressentie corporellement est plus forte que le plaisir de fumer et la rébellion éclate de toutes parts pour expulser le tabac hors du territoire.

Le moment où une personne s'oppose à ce qu'on lève la main sur elle est un moment très émouvant dans le cours d'une vie. La sensation ressentie est si intense que la totalité de la personne est impliquée dans ce processus. Le ton de la voix change, le geste est assuré, la fermeté de la décision est lisible sur tout le corps.

Il y aurait donc deux modes de fonctionnement dans ce cas, à savoir la soumission ou la rébellion, qui possèdent probablement des correspondances différentes dans le cortex cérébral. Avec les progrès de l'imagerie fonctionnelle cérébrale, il se pourrait que l'on puisse un jour identifier des zones d'activation cérébrale distinctes selon les modes d'expression : l'état de dépendance ou l'état de sevrage volontaire.

Le labyrinthe

Le tabagisme est construit sur le modèle d'un labyrinthe placé sur le chemin de nombre d'entre nous. Dans les laboratoires scientifiques, il en existe de semblables dans lesquels des rats sont introduits pour qu'on puisse évaluer leurs capacités d'orientation et d'apprentissage. Quand nous entrevoyons toutes les difficultés que la vie nous réserve, il n'est pas vraiment respectueux de la part des fabricants de tabac et de l'État français de nous créer des difficultés supplémentaires en plaçant sur notre route des systèmes si pervers.

Pour un certain nombre de personnes bien préparées, ce labyrinthe est aussitôt contourné. Pour les autres, il dispose d'attraits suffisants pour qu'ils aient envie d'aller voir à l'intérieur ce qui s'y passe. Ceux qui y sont précipités par leur curiosité prennent le risque de ne jamais pouvoir en sortir.

« C'est un plaisir ou une souffrance ? », « Le tabac m'apaise ou m'énerve ? », « Il m'aide ou me détruit ? », « C'est un soutien ou une punition ? ». Tant que les patients tardent à répondre clairement à ces questions qu'ils se posent, ils restent immobilisés dans le labyrinthe.

L'hypnose s'adresse à tous ceux qui ont trouvé une sortie et qui se présentent à l'air libre en se demandant si dehors, par hasard, ils ne seraient pas mieux qu'à l'intérieur.

Un soir, je regardais à la télévision un reportage consacré à d'anciens prisonniers qui avaient écopé de longues peines d'incarcération (quinze à vingt ans). Ils étaient questionnés après leur libération sur leur façon de vivre leur changement de quotidien et de statut. L'accent était mis sur leur capacité à bien vivre leur liberté retrouvée. Certains déclaraient qu'ils devaient rapidement s'adapter à la vie libre sous peine de souffrir jusqu'à parfois braquer à nouveau une banque pour retourner en prison. À leur sortie, une prise en charge se mettait en place pour leur redonner des liens sociaux, amicaux et professionnels.

Cette analogie avec les personnes qui sortent d'un tabagisme long et douloureux me fait dire que le but de ce livre et de l'hypnose-lecture est de vous faire réussir **votre « réinsertion d'ancien prisonnier »** afin que vous appréciiez rapidement d'être libre, d'être à l'air libre, et que vous considériez que cet état est normal et naturel, sous peine de retourner dans cette prison cruelle que personne ne mérite.

Il n'est pas possible de faire sortir de force les personnes immobilisées à l'intérieur de la prison du tabac. Ils y déambulent dans la confusion et dans l'ignorance de leur situation. Ils sont tétanisés, fascinés et sans défense. Seuls sont accessibles à la thérapie ceux qui ont trouvé une issue et qui demandent de l'aide pour s'en éloigner suffisamment et pour ne plus être tentés d'y retourner.

Si vous vous intéressez vraiment à ce livre et aux effets qu'il peut produire sur vous, vous pouvez être considéré(e) comme guéri(e) dans le sens où, pour pouvoir exprimer votre désir de guérir, vous avez déjà eu la perception physiologique et mentale de la guérison. « Lorsqu'une question peut être posée, alors elle peut être résolue », dit Wittgenstein[1].

1. L. Wittgenstein, *Tractatus logico-philosophique*, proposition 6.5, Paris, Gallimard, 2001.

Les fumeurs qui lisent ces pages sont avides de vivre ; à ce stade de leur décision, ils ont déjà fait tomber le tabac du piédestal. Leurs pulsions de vie sont en mouvement et ils commencent à tout point de vue à s'éloigner de leur souffrance. La lecture attentive de ce manuel renforce leur impatience et confirme le bien-fondé de leur démarche.

Il est de fait plus facile de s'occuper de ces patients en mouvement qui ont anticipé leur sortie du labyrinthe, que de faire de la prévention qui s'adresse en général à des personnes qui, dans leur grande majorité, n'ont pas encore pris de décision. L'impact de ce qui est dit dans ce livre n'est reçu que par ceux qui sont déjà dans le détachement.

Premier exercice
Durée : 1 minute

Visualisez un labyrinthe de votre choix. Utilisez votre imagination pour former des images et percevoir des gens qui déambulent dans les couloirs du labyrinthe. Regardez-les longuement comme pris au piège dans cette structure tortueuse. Attendez de ressentir un contraste entre vous qui êtes à l'extérieur et eux qui tournent dans le labyrinthe. Vous pouvez les voir par

au-dessus et éprouver de la tristesse pour toutes ces personnes.
Dans la vie de tous les jours, c'est un exercice à renouveler chaque fois que votre regard se pose sur un fumeur ou une fumeuse. Ressentez de la peine à les voir ainsi intoxiqués.

Deuxième exercice, suite

Durée : 1 minute

Visualisez un labyrinthe et placez-vous à la sortie de celui-ci. Formez des images simples de vous en train de vous déplacer. Ce déplacement vous éloigne du labyrinthe. Ne vous arrêtez pas pour regarder en arrière, sous peine de retomber en fascination et d'être immobilisé par le spectacle, à l'image de la femme de Loth transformée en statue de sel lorsqu'elle se retourne sur Sodome et Gomorrhe. À partir d'aujourd'hui, votre chemin ne cesse de s'éloigner de cet endroit malsain. Vous prendrez soin de toujours vous en éloigner.

8 Le choix de l'hypnose

Ce chapitre est une réplique enrichie du passage intitulé « Vous connaissez déjà l'hypnose » (voir p. 51). Les répétitions sont volontaires. Elles utilisent le même procédé que la publicité, mais cette fois-ci à votre avantage. La cigarette à la bouche de l'acteur de cinéma, les volutes de fumée au-dessus du chanteur de reggae ou du créatif publicitaire – toutes ces images qui tentent l'adolescent et les jeunes gens – sont au seul profit de l'industrie du tabac. À l'opposé, ce livre a une seule ambition : se mettre au service des consommateurs de drogues pour les libérer d'une soumission. Si ce livre permet, ne serait-ce qu'à une seule personne, de s'arrêter de fumer, donc de sauver sa vie, alors son objectif sera atteint.

La définition actuelle de l'hypnose s'est considérablement modifiée et élargie. Il s'agit pour une personne de se mettre en relation avec la totalité de son être et de son espace. Cet exercice se répète d'innombrables fois au cours de la journée et de la nuit afin de vérifier la validité des informations recueillies et de décider des multiples actions d'adaptation et de changements qui assurent la survie de l'être.

L'ennui pour les humains est que cet exercice n'est pas si facile et qu'il peut être parasité par de fausses interprétations. En résumé, il est aisé de tromper notre cerveau et son système perceptif. L'hypnose est un processus qui comprend plusieurs étapes. Je vais vous les détailler pour que vous puissiez les vivre plus facilement. Refaites le chemin, retrouvez le lieu où vous vous étiez arrêté et égaré, et reprenez votre route.

La focalisation

Dès que l'on montre un intérêt pour un élément quel qu'il soit, notre attention se focalise de manière soutenue. Ce mode de fonctionnement s'exerce sans distinction aussi bien pour une activité bénéfique que pour des substances toxiques. Un jour, votre curiosité et votre regard se sont posés sur le tabac et vous n'avez plus pu vous en détacher.

La fixation est une étape de l'hypnose, mais elle est également présente lors des processus d'addiction. La ressemblance avec la fixation hypnotique existe réellement et le patient l'identifie comme familière. La différence fondamentale est que le contexte est diamétralement opposé. Dans l'hypnose thérapeutique, la fixation permet l'ouverture à un changement, à un soulagement, tandis que la fascination du tabac mène à une fermeture avec perte du sens critique et de la relation au corps.

Notre propension à être fascinés est une disposition naturelle qui nous met en relation avec ce qui nous entoure pour nous permettre d'acquérir du savoir, de l'expérience, de l'affection et d'autres ingrédients indispensables. Le corollaire ou l'antidote de la fixation est le détachement. Nous devons poser des cloisons pour éviter des imprégnations trop fortes et disposer de bons ciseaux pour couper sans tarder les liens pathologiques.

Il me semble d'ailleurs que toutes les personnes qui souffrent, toutes affections confondues, présentent essentiellement **une difficulté au détachement**. Se défaire corps et esprit d'une douleur, d'une peur, d'une personne ou d'une drogue est toujours le même exercice à accomplir.

Le mode d'attachement au tabac peut grandement différer d'un individu à l'autre.

Voici quelques-uns de ces modes de fixation pathologiques.

Proie-prédateur

Si l'on place un canari dans une cage et un faucon dans une autre cage contiguë, le regard du faucon croise celui du canari qui se retrouve tétanisé par la peur. Ne pouvant détacher son regard, le canari ne peut ni dormir ni se nourrir et finit par mourir... de peur et d'immobilité.

Il y a fort à parier que si une personne reste fascinée également par le tabac, la mort va finir par se présenter.

Si l'on éloigne suffisamment la cage du faucon, le canari finit par le perdre du regard et retrouve son appétit, ses graines, son chant et son sommeil. Si, au lieu d'éloigner les cages l'une de l'autre, l'expérimentateur glisse un carton entre celles-ci, le canari revient pareillement à la vie. Cette fascination est pathologique parce qu'elle s'est faite dans le contexte traumatique et violent de la relation proie-prédateur.

Dans le cas du tabagisme, **le prédateur est le tabac**, mais également tout ce qui peut inciter à le regarder fixement, en particulier l'organisation sociale qui l'environne, à savoir les amis, les collègues et parfois le conjoint, la famille, l'alcool, en résumé, tout ce qui a un lien avec le tabac.

Pour les humains que nous sommes, l'action thérapeutique consiste à interposer des cloisons de toute nature entre soi et les prédateurs. L'hypnose est le moyen à notre disposition pour **quitter la fascination pathogène**.

La fascination a longtemps été confondue avec l'hypnose. On disait : « Le tabac vous a hypnotisé ! » Il s'agit en fait d'une supercherie. Ce qui est regardé ne correspond pas à ce qui était espéré. Les patients sont fascinés comme un animal l'est face à son prédateur. La fixation ne définit pas l'hypnose, elle n'est qu'une étape du processus.

La confusion

L'acte de fixer un élément par le regard et par les gestes fait perdre de vue le reste du panorama.

Faites l'exercice. Fixez un petit objet ou un point sur une feuille de papier. Si cette fixation dure, la périphérie vous paraîtra de plus en plus confuse. Il est impossible de voir l'objet et la totalité simultanément. En maintenant votre attention, vous entrerez immanquablement dans un état particulier qui est l'hypnose.

À cette étape, la confusion n'est pas seulement visuelle. C'est ce que nous observons avec les patients tabagiques qui perdent peu à peu leur sens critique, l'espoir de guérir, et finissent par trouver agréable ce qui leur fait du mal. Nombreux sont ceux qui nomment « ami » ce qui est ennemi. Ce trouble de la perception provient d'une réelle difficulté à quitter du regard le prédateur.

Le regard se pose sur un objet. Pour le détailler, il néglige le reste. La dissociation se produit entre ce qui est fixé et ce qui est relâché.

La dissociation

La dissociation fait perdre un certain nombre de perceptions au bénéfice d'autres sur lesquelles l'attention est attirée. Pour un temps, l'attention est portée vers l'extérieur. Elle est détournée du corps, de l'intérieur. Si l'attention ne revient pas vers la personne et son corps, une dissociation s'installe spécifiquement en rapport avec ce qui est fixé. Dans le cas du tabagisme, la dissociation atteint les organes qui ont détecté l'anomalie : les poumons, la peau, l'odorat et tant d'autres qui envoient **des messages d'alerte et de souffrance** qui ne seront pas reçus.

Les patients décrivent bien cette situation où ils ne sont accessibles à aucun conseil. La souffrance corporelle n'est plus perçue en tant que telle. Cette fascination les a coupés de leur corps. De graves pathologies atteignent leur corps, et souvent jusqu'à la mort, mais le rétrécissement de leur espace empêche les informations alarmantes d'arriver au cerveau ou bien elles arrivent atténuées de telle sorte que les systèmes de défense ne peuvent se mobiliser.

Pour guérir, il nous faut être le plus ouvert possible sur la totalité des solutions qui s'offrent à nous. Pour vous ouvrir à cette totalité, paradoxalement, vous devez d'abord vous fixer sur un seul élément jusqu'à la confusion puis la dissociation qui va vous chercher là où vous vous trouviez immobilisé. C'est une fermeture qui a induit le processus de l'hypnose, c'est une ouverture qui en est la finalité.

L'ouverture

François Roustang[1] a utilisé le terme de « perceptude » pour désigner cette étape ultime de l'hypnose qui n'avait pas de nom.

L'induction hypnotique thérapeutique se poursuit et vient ouvrir le champ de perception. Ce jeu ouvert-fermé a pour but d'entraîner le patient à créer puis à défaire facilement puis à créer à nouveau inlassablement **une nouvelle perception du monde**, et, dans le cas qui nous intéresse, en réorganisant son monde avec un problème en moins.

En langage populaire, on parle de prendre du recul ou de relativiser, autant de formules qui évoquent bien l'ouverture de l'espace sur une perception large du monde intérieur des ressources et du monde extérieur de l'environnement.

Exercice

Durée : 2 à 5 minutes

Après vous être installé, passez en revue votre corps. Observez votre respiration. La montée et la descente du thorax, le bruit de l'air dans les fosses nasales, l'encombrement bronchique éventuel, le

1. F. Roustang, *Il suffit d'un geste*, *op. cit.*, p. 179.

rythme régulier qui berce. Vous pouvez, selon le temps dont vous disposez, observer vos jambes, leur poids, leur engourdissement, les articulations, les orteils et ainsi de suite en observant ce qui est, sans rien y ajouter. Tout ce qui est perceptible conviendra bien pour cet exercice (les bras, la tête, le ventre… au choix).

Peut-être, à ce stade de votre lecture, vous demandez-vous où vous en êtes de votre sevrage ?

Ne tentez pas de répondre, laissez-vous porter par l'hypnose de la lecture.

9

Les troubles de la perception

Les modifications de la perception

L'observation et l'interrogatoire des fumeurs rendent compte d'un étrange attachement à la cigarette.

On entend souvent :

« Je sais que le tabac me fait du mal, mais j'agis comme si je ne le savais pas. »

« Au tout début, j'avais des nausées, les yeux me piquaient et même je ressentais quelques vertiges, puis à la longue, ces signes ont disparu. »

Pour pouvoir continuer à fumer tranquillement, sans être dérangé, l'être humain anesthésie de nombreux canaux sensitifs (olfactifs, visuels...) physiologiques.

« Pouvez-vous me dire, me demande une femme qui avait lu ce livre d'hypnose, pourquoi un matin après en avoir lu quelques pages, j'ai pris ma voiture pour aller au travail, et quand j'ai ouvert la portière, l'odeur du tabac m'a prise à la gorge et il m'a fallu attendre et ventiler l'intérieur avant de m'y installer ? »

Ce témoignage illustre précisément **la réouverture des canaux sensitifs olfactifs** qui accompagne la phase thérapeutique de l'hypnose. Comme cet homme qui, après avoir fait les exercices d'aversion de ce livre, eut du mal à supporter l'odeur de son blouson tant il était imprégné de relents de tabac froid ; il s'étonnait de ne pas les avoir perçus jusqu'à présent.

Les fumeurs se sont amputés de certaines perceptions pour conserver leur tabagisme. Ils ne disposent plus des informations physiologiques naturelles qui témoigneraient de la toxicité du produit, comme celles ressenties par un enfant à qui l'on ferait fumer sa première cigarette.

J'ai recueilli le témoignage d'une femme qui me disait que chaque fois qu'elle allumait une cigarette, son chat, qui s'était installé sur ses genoux, en redescendait et quittait la pièce aussitôt. Le travail de l'hypnose consisterait à la rendre de nouveau sensible comme un animal incommodé par la fumée du tabac et qui s'en détourne.

Même remarque pour un entraîneur de chevaux qui avait observé que son cheval levait brusquement la tête lorsqu'il lui soufflait de la fumée vers les nasaux. « Il levait la tête, me disait-il, comme pour prendre de l'air en hauteur. »

Fumer est une activité artificielle qui nécessite un arrangement artificiel de la part des humains pour qui cette activité n'est pas naturelle.

L'accoutumance à une drogue comporte une nécessaire « anesthésie » de certains canaux sensoriels provoquant une perception fausse de l'état du corps.

L'être humain possède un réseau de capteurs très performants qui le met en relation avec le monde. L'œil et sa rétine reçoivent les images, l'oreille distingue une immense variété de sons, le nez détecte de nombreuses odeurs et les nerfs correspondants véhiculent bien les informations, mais, à l'arrivée au cerveau, pour de multiples raisons, les informations visuelles, tactiles, gustatives, olfactives, auditives sont filtrées, atténuées, modulées, réinterprétées, refusées en fonction de la mémoire et des choix du patient. À cause de (ou grâce à) ces filtrages, il devient possible de voir sans voir, d'entendre sans entendre, de sentir sans sentir et d'observer sans comprendre.

La présence de la cigarette dans le quotidien des patients modifie la perception, mais également la pensée et le discours qui s'ensuit, jusqu'à l'inverser totalement.

Une jeune femme de 35 ans, qui a déjà plusieurs tentatives à son actif qui n'ont pas duré plus de deux à trois mois, se demande si l'hypnose pourrait faciliter son sevrage. Elle me déclare qu'à force de voir ses amis fumer, elle est contaminée par ce spectacle et, au bout de quelques semaines, elle rechute : « Je ne veux pas me faire violence en me privant plus longtemps de tabac, car c'est tout de même un plaisir. » Je lui fais remarquer qu'elle refuse de « se faire violence », mais que c'est pourtant ce qu'elle fait en fumant, elle se fait violence en subissant le tabac qui la blesse. Elle se défend un peu en disant que ce n'est pas une vraie violence, je lui réponds qu'un produit qui fait mourir 60 000 personnes en France chaque année peut être considéré comme très violent. Elle met du temps avant de ressentir ce que je lui dis. Elle est par ailleurs d'accord pour définir ce qu'elle appelait « plaisir » comme une souffrance maquillée en plaisir.

Étrange situation que celle-ci, qui peut nous faire dire le contraire de la réalité. L'addiction au tabac fait nommer plaisir ce qui est une blessure et violence la tentative d'en guérir. Il y aurait donc deux vérités qui peuvent s'énoncer de manière si opposée. Tentons d'y voir plus clair.

Coupé du corps

Si l'on interroge les fumeurs sur leur pratique, ils déclarent volontiers que le tabac est un plaisir, qu'il représente une aide, un soutien, une bonne compagnie, et il en est même certains qui ajoutent : « Le tabac m'aide à vivre. » Tous leurs propos évoquent la certitude d'un lien bénéfique et agréable avec le tabac.

Maintenant, posons la même question directement aux organes constituant le corps des patients interrogés. Posons la question aux poumons, au cœur, à la peau, à l'estomac, aux dents… « Est-ce que la cigarette est un plaisir pour vous ? » et les réponses apparaissent diamétralement opposées : « Non, c'est une souffrance, les poussières obstruent et encombrent mes tissus », « Non, le tabac ne m'aide pas à vivre, mais plutôt à mourir ».

Par quel curieux subterfuge deux discours si opposés peuvent-ils coexister chez une même personne ? Comment un fumeur peut-il affirmer que le tabac est un plaisir alors que son corps dit l'inverse ? Il lui faut pour cela réaliser une coupure en lui-même : il doit se couper de tous les organes qui souffrent du tabac, se couper de son corps. Pour pouvoir encenser une substance qui détruit son corps, le fumeur doit se couper de son corps, être sourd et aveugle à sa souffrance. Il crée une dissociation dans son unité psychocorporelle. Il met à l'écart une grande partie de son corps blessé et infiltré par les poussières du tabac. Au moment où il parvient à installer cette dissociation, il peut dire en toute tranquillité que le tabac est un plaisir, il est coupé de son corps, il est coupé d'une réalité douloureuse. Mais tout ce qui est exprimé en dehors du corps est faux et artificiel.

Le seul discours qui puisse réellement nous guider est celui que l'on tient lorsque l'on est sensible au corps. Si vous êtes hésitant, à la recherche d'une certitude, interrogez votre corps, il possède les réponses. Cela est caractéristique pour les fumeurs qui, en se dissociant de leur corps, se détériorent peu à peu jusqu'à une mort qui les surprend parfois plus tôt qu'ils ne l'avaient imaginé.

« On ne m'avait pas prévenue que cela pouvait avoir de si graves conséquences », me disait une femme qui avait été amputée de la jambe droite à cause d'une artérite due à trente années de tabagisme. Cela lui avait été certainement dit, mais la dissociation avait fait qu'elle l'avait entendu sans l'assimiler.

C'est pour cette raison qu'il est difficile de retenir l'attention des adolescents ou de tout fumeur n'ayant pas encore pris sa décision d'arrêter.

Cette dissociation se produit dès les premiers jours ou semaines qui suivent le début du tabagisme pour permettre au fumeur de poursuivre son intoxication sans en ressentir les désagréments qui le pousseraient à réagir. Pour guérir, il lui suffit donc de **retrouver son corps**.

Les fumeurs qui n'ont pas décidé d'arrêter sont incapables de ressentir durablement leur corps, quant à ceux qui ont pris la décision, ils ont une meilleure perception de chaque organe de ce corps fragmenté et enfin recomposé.

Les retrouvailles d'un individu avec son propre corps sont un moment émouvant qui se fait parfois simplement parce que la personne a été attentive à son corps au cours d'une bronchite, d'une crise de toux, d'une grossesse. Parfois cette réunification du corps se produit dans le contexte brutal d'une maladie grave, cancer, infarctus. Le corps réapparaît, certes, mais cruellement éprouvé par des années de négligence. En retrouvant son corps, la personne retrouve son unité ainsi que ses possibilités de guérison.

Toute personne qui décide de cesser de fumer a déjà retrouvé ou ne va pas tarder à retrouver sa totalité corporelle. Une telle décision ne peut être prise sans l'éveil de tous nos sens.

Le monde du fumeur est **un monde artificiel** qui nécessite un accommodement spécial comprenant une dissociation partielle et pathologique de l'individu. Le retour à son milieu naturel s'accompagne logiquement d'un tissage qui reprend la totalité du corps, une réincorporation de tous les organes endommagés qui vont donc pouvoir bénéficier d'une réparation.

Nous pouvons risquer une analogie pour vous permettre de mieux comprendre la maladresse de cette dissociation.

Imaginez un conflit entre des parents et leur enfant. S'ils rejettent l'enfant et coupent court à toute discussion, s'ils restent dans l'affrontement permanent et le reproche chronique, il se crée une dissociation qui met l'enfant à distance et l'exclut de leur bienveillance.

« Qu'il change d'abord de comportement et ensuite nous l'aimerons à nouveau, nous pourrons nous réconcilier. » Se sentant rejeté, mal aimé, mal accepté, l'enfant ne peut opérer de changement favorable. Il faudrait, d'abord et sans condition, que les parents réincorporent leur enfant au sein de la famille et l'entourent de leur amour pour espérer avoir une action efficace.

Pour guérir, le fumeur a fini par retrouver sa peau, ses bronches, ses artères, il les ressent quand il marche, quand il respire, à tous moments de la journée, il aime passionnément chaque cellule de son corps et les met sous sa protection. Cette action ne résulte pas d'un effort, elle en est tout le contraire. C'est un vrai soulagement pour les parents de manifester à nouveau de l'affection à leur enfant et c'est également un vrai bonheur pour un fumeur de ressentir à nouveau son corps et d'en prendre soin.

La cigarette, prolongement du corps

Vous avez lu comme il nous est possible de modifier notre système de perception pour installer le tabagisme chronique. Puis vous avez lu comment la guérison passe par le chemin inverse.

Il existe d'autres illusions qui agissent sur nos sens et qui en disent long sur la facilité à tromper notre cerveau.

Vous avez déjà prononcé ou entendu ces phrases de la part de personnes qui se préparent au sevrage :

– Que vais-je devenir sans ma cigarette ?

– Elle est une partie de moi-même, elle fait partie de ma vie.

– En la supprimant, j'ai l'impression de perdre un membre, de subir une mutilation.

Comment un corps étranger et parasite comme le tabac a-t-il pu être confondu avec le corps lui-même ?

Cela a nécessité un incroyable bricolage du cerveau entraînant une restructuration anormale du corps.

L'image du corps inscrite dans notre cerveau ne correspond pas à l'image anatomique du corps. Elle est **une image bricolée** réunissant des organes, des fonctions, mais également des objets, des rituels, des êtres, des occupations professionnelles, des substances, un nombre incalculable d'éléments qui constituent le monde de la personne. Il arrive que certains de ces éléments, par des illusions de perception, soient ressentis comme constitutifs de la personne et donc vitaux. Le fétichisme, nous fait remarquer le neurologue californien V.S. Ramachandran[1], relève probablement de ces mécanismes d'incorporation aberrante. Les fumeurs n'apparaissent plus comme porteurs d'un vice, ce qui serait mal les connaître, mais victimes d'un trouble perceptif qui les a fait assimiler comme leur propre corps un objet, une substance, des accessoires et des gestes qui leur sont étrangers.

Dans les centres hospitaliers de traitement de la douleur, il est fréquent de rencontrer ce type d'attachement des patients pour leurs béquilles ou leur minerve qu'ils portent continûment, empêchant une meilleure récupération.

V.S. Ramachandran, spécialiste du traitement des douleurs des membres fantômes, explique ce procédé par lequel le cerveau peut être trompé :

« Notre propre corps est un fantôme, un fantôme que notre cerveau a provisoirement construit par simple

1. V.S. Ramachandran, *Le Fantôme intérieur*, Paris, Odile Jacob, 2000.

commodité. Laissez-moi vous démontrer la malléabilité de votre image du corps et la manière dont vous pouvez la modifier profondément en quelques secondes. »

Exercice

Durée : tant que cette expérience vous amuse

Reprenons le cours des propos de Ramachandran : « Pour vivre cette illusion qui donne le frisson, vous aurez besoin d'un(e) assistant(e). Commencez par acheter une fausse main en caoutchouc dans une boutique de farces et attrapes (un gant de sports d'hiver conviendra parfaitement). Construisez ensuite un « mur » en carton de soixante sur soixante et posez-le sur une table devant vous. Mettez votre main droite derrière le carton pour ne plus la voir et posez la fausse devant. Ensuite, demandez à votre assistante de frotter des endroits identiques sur votre main et la fausse de manière synchrone pendant que vous regardez la fausse. Au bout de quelques secondes, vous aurez l'impression que la sensation de frottement vient de la fausse main. L'expérience est étrange parce que vous savez pertinemment que la main est en caoutchouc, mais cela n'empêche pas votre cerveau de lui attribuer des sensations. »

Le sens de la vue associé au sens du toucher a suffi à tromper le cerveau, et la raison n'y fait rien et ne peut rien contre. Alain Berthoz[2] le soutient : « L'illusion est une solution à un problème perceptif. »

La main cachée est caressée et tapotée en même temps que la main en caoutchouc que le sujet regarde. Pour sortir de cette perception absurde, il finit par décider que sa vraie main est celle qu'il a sous les yeux, c'est-à-dire la fausse !

N'hésitez pas à faire l'exercice pour mieux comprendre ce chapitre.

La cigarette est un accessoire qui utilise les mêmes canaux sensoriels. À force d'être tenue par les doigts, caressée, touchée, en contact avec les lèvres, elle laisse croire au cerveau qu'elle est le prolongement naturel du corps. **Une sorte de prothèse greffée** qui est incorporée et identifiée par le cerveau comme un élément constitutif de l'être. La permanence de cet objet en contact avec le toucher et la vue est décrite en termes d'habitude. Mais, pour que l'habitude persiste, il faut qu'elle cesse d'être une habitude et prenne corps par les avatars de la perception. Le corps est ainsi restructuré en incorporant un geste, une substance et des rituels. Cet exercice a de larges implications et nous éclaire grandement sur le mécanisme de l'addiction et son traitement.

---

2. A. Berthoz, *Le Sens du mouvement*, Paris, Odile Jacob, 1997.

Pendant que la cigarette est incorporée comme un organe à part entière, le drame s'est joué : le cerveau ne reconnaît plus la main vide comme en situation normale. Elle n'est acceptée qu'avec son prolongement : la cigarette. Cette particularité est fréquente. De nombreuses personnes disent ne pas pouvoir rester la bouche vide ou les mains vides, cette situation a été enregistrée par le cerveau comme anormale, incomplète. C'est le propre des manies, des tics, des compulsions. Le cerveau à travers la vue, les sens, le mouvement, a fini par les incorporer à la place des comportements normaux. Ils sont vécus comme rassurants puisque reconnus comme naturels par le corps. Cette malléabilité cérébrale peut nous jouer des tours pendables qui peuvent virer au tragique. Le corps de la personne, dépouillé de ses rituels obsessionnels et autres accessoires, n'est parfois plus identifié comme normal. Il est devenu étranger à son propre locataire qui en réclame un autre qui lui rend la vie impossible.

Avant leur sevrage, certaines personnes éprouvaient donc une réelle inquiétude à être coupées du tabac qui était devenu une partie d'elles-mêmes.

La suppression du tabac leur apparaissait comme une **amputation**.

« Je veux m'arrêter de fumer mais j'ai l'impression que l'on va me couper la tête », me dit une femme qui a assimilé le tabac à sa tête, les deux régissant sa vie.

Nous comprenons donc la réaction de certains candidats au sevrage qui souffrent cruellement au moment de leur séparation puisque le lien est corporel, physique. Toutefois, il faut également évoquer les personnes qui ont réussi leur sevrage sans manifester le moindre manque. Cela demande une explication.

Notre cerveau, qui se laisse manipuler si facilement, remanie sans cesse notre image et a sans doute su conserver un souvenir précis des éléments corporels « d'origine » ; il peut, pour le plus grand bonheur des candidats au sevrage, perdre brutalement un lien d'imposture tel que le lien au tabagisme.

Ces systèmes modulateurs de la perception ne sont donc pas immuables et la thérapie s'emploie à agir sur eux.

Cas clinique

Marie-José est infirmière. Elle a 35 ans et fume vingt cigarettes par jour.

Elle me consulte sur le conseil d'une amie et veut faire une séance d'hypnose pour « en finir avec cette dépendance ». Au cours de la séance, elle reste assez attentive ; elle m'avait prévenu que l'hypnose l'intéresse et conserve donc une attention extrême au déroulement de la séance. Je me conforme à ce qu'elle m'avait exposé dans l'entretien et lui propose de devenir indifférente au tabac. La séance dure une heure. Je lui lis presque mot pour mot le texte d'hypnose qui est retranscrit dans ce livre au chapitre 19. Elle me rappelle quinze jours après pour obtenir une deuxième séance d'hypnose. Elle n'a pas refumé mais se sent fragile et m'explique qu'elle reste encore très attachée au geste et à l'objet. Ses fonctions à l'hôpital auprès de malades qui souffrent ont accentué sa curiosité pour l'hypnose. Je lui demande si elle veut en savoir plus sur son mode d'attachement au tabac. Elle est d'accord pour faire une expérience à ce sujet. Je cherche une main de substitution et ne trouve qu'un manche de chausse-pied en forme de tête de cheval. Je lui dis avec un ton amusé que nous allons lui « greffer » une main tête de cheval. Cela ne l'effraie pas, d'autant qu'elle aime l'équitation. Je reproduis fidèlement l'expérience de Ramachandran. Je tapote le chausse-pied et elle le ressent comme faisant partie de son propre corps. Elle comprend alors comment elle s'est attachée par l'habitude et par une illusion perceptive. Mais elle consultait pour l'exercice inverse, réaliser le détachement. Je prends alors une règle en bois et entreprends de frapper la tête de cheval en corne. Elle réagit vivement en poussant un cri quand je tape la fausse main, mais dans son mouvement de retrait c'est sa vraie main qui bouge et qu'elle retrouve brusquement derrière le carton qui la dissimulait. Je lui demande de devenir tout à fait indifférente aux coups donnés sur la tête de cheval. Nous ne ferons aucun commentaire ni elle ni moi, je la laisse à la sensation ressentie d'avoir retrouvé son corps libre.

« Une manière de vivre »

Vivre, c'est entrer en relation avec le monde. Nos sens établissent des liens avec notre environnement. La présence de ces liens témoigne de notre existence. Des nouveau-nés chimpanzés que l'on prive de la vue par un bandeau et de gestes attentionnés dépriment et se laissent dépérir, ce qui confirme la nécessité vitale pour l'espèce humaine de tisser des liens qui nous donnent vie. Cette recherche de liens est constante. Notre regard part à la recherche d'objets définis, notre pensée explore des images, des souvenirs et des raisonnements familiers, notre corps ressent le siège qui le soutient. Toutes ces perceptions nous relient au monde et nous donnent notre place.

Parmi les éléments qui composent notre environnement proche, il y a le tabac et sa panoplie d'accessoires et de rituels. Ils peuplent si intensément l'espace du fumeur que leur disparition le priverait brutalement de liens, le laissant en proie à une angoisse terrible. Les fumeurs qui ne ressentiraient pas d'angoisse face au changement sont donc ceux qui ont déjà fait disparaître la panoplie de leur espace. Elle existe toujours quand ils ont pris la décision, mais déjà ils ne la discernent plus aussi nettement.

Nous avons vu plus haut qu'il n'y a pas de limites bien définies entre le corps de l'être humain et son espace. La peau constitue une limite, mais pour vivre l'humain doit inclure d'autres éléments de son environnement. Le contour d'un humain est au-delà de sa peau. Ce contour englobe de très nombreux éléments dont fait partie le tabagisme. Cette « mauvaise » liaison est comme une protubérance, un parasite.

Une rupture spontanée de ce lien est possible, mais peut mettre des années avant de s'effectuer et de nombreux fumeurs meurent avant d'avoir eu l'occasion de rétablir une image de leur corps et de leur espace conforme à la réalité biologique.

Un ancien fumeur a eu cette formule précise décrivant ce qu'il ressentait pendant son sevrage : « La cigarette existait, mais était devenue comme immatérielle » ; ce changement de consistance a permis un remodelage du corps.

Le recours à l'hypnose a pour but d'accélérer le processus de réappropriation du vrai corps. Le travail porte sur la relation à un corps qui est parvenu à dissoudre les perceptions truquées et inappropriées.

Pour de nombreuses personnes, l'hypnose apparaît comme un procédé magique à même de résoudre la situation absurde et artificielle de s'être laissé envahir par une plante toxique.

C'est le propre de la magie de construire des systèmes en dehors de la raison. Toutefois, si une personne veut attribuer à l'hypnose le succès miraculeux de son sevrage, il ne faut pas l'en dissuader. Ce sont les conditions de guérison qu'elle s'est données. Elle va par ailleurs s'attribuer la responsabilité d'avoir essayé l'hypnose et d'avoir pris une bonne décision. Mais, nous prévient Erickson[3], si le patient veut croire à un miracle de l'hypnose pour guérir, il est libre de le faire sous quelque forme qu'il choisira, mais jamais l'hypnothérapeute ni le lecteur ne sont obligés de considérer la réussite de la thérapie comme un miracle de l'hypnose.

Cela nous conduit à décrire les mécanismes d'influence qui permettent en particulier cet envahissement et comment s'en protéger.

3. M.H. Erickson, *Innovations en hypnothérapie. L'intégrale des articles de Milton H. Erickson sur l'hypnose*, t. IV, Dilbeek (Belgique), Satas, 2001.

10

La suggestion, l'influence

Chaque chapitre peut servir à votre sevrage. À chaque paragraphe, ce sont quelques liens qui se dénouent. Lisez et visualisez. Les mots et les images qui se forment dans votre cerveau à la suite de cette lecture vont faciliter votre détachement : une simple lassitude, un geste d'abandon, et c'en est fait du tabac.

L'influence sociale

Freud a écrit : « L'aptitude à être suggestionné est un fait fondamental de la nature humaine. » Les humains sont ainsi faits qu'ils ne peuvent vivre sans liens et en élaborent inlassablement de toute nature. Leur suggestibilité est extrême, vitale, et les rend très vulnérables.

Être sensible à la suggestion est une disposition naturelle qui commence à la naissance et permet au nouveau-né d'accumuler des informations sur le monde qu'il découvre. La suggestibilité est très forte chez l'enfant et décroît régulièrement au cours de la vie.

Cette capacité d'absorption utilise les cinq sens et vient recueillir, au quotidien, des milliards d'informations qui émanent du corps et de l'espace environnant.

La collecte de ces informations n'obéit pas à la raison mais plutôt à la sensation ou à l'émotion.

L'installation du tabagisme dans nos sociétés est la résultante de multiples actions d'influences conjuguées. **L'action commerciale**, qui est la pire de nos jours, est apparue après que certains humains ont montré un réel intérêt à fumer.

Je n'aborderai pas dans ce livre la responsabilité majeure des firmes et fabricants de cigarettes et des États qui autorisent et facilitent ce commerce lucratif ; si ce n'est pour dire que cela compte pour beaucoup dans la banalisation d'une substance et d'une habitude par le même procédé d'imprégnation sensorielle. Le discours est ambigu. D'une part, la médecine nous alerte sur la toxicité de la plante, d'autre part, la société place des bureaux de vente de tabac à chaque carrefour. Là encore, nous constatons que ce n'est pas la raison qui décide, sinon il n'y aurait plus aucun fumeur depuis que nous connaissons la toxicité du tabac, mais ce qui agit sur nous résulte de la somme des influences sensorielles et émotionnelles qui nous traversent.

Pour qu'ils échappent à ces influences, il m'arrive de proposer à mes patients comme à vous-même qu'ils se perçoivent comme des insectes qui, pendant les nuits d'été, sont attirés par la lumière et se précipitent sur les filaments incandescents qui les brûlent. Les humains, quand ils fument, n'ont pas plus de liberté qu'un insecte. Le conditionnement les submerge.

Traverser la rue

En préambule, permettez que je vous pose quelques questions. Puis donnez vos réponses avant de lire la suite.

– Pourquoi tous les citadins adultes savent-ils traverser la rue sans se faire écraser ?

– Ou encore : Au vu du nombre de fois où vous traversez chaque jour des rues, pourquoi le risque de vous faire écraser par une voiture reste-t-il (heureusement) rare ?

– Ou encore : Comment faites-vous pour traverser la rue correctement ?

Posez ce livre qui est entre vos mains et répondez par vous-même à ces questions simples, presque simplettes…

Voici quelques-unes des réponses qui m'ont été données par les fumeurs eux-mêmes :

– Mes parents m'ont bien appris à traverser la rue.

– J'ai peur d'être renversé.

– Il existe des passages protégés pour piétons et des feux tricolores.

– J'ai pris l'habitude de marcher sur le trottoir.
– Je regarde à gauche et à droite avant de traverser.

Vous remarquerez que la rue est à peu près bien organisée, les piétons bien éduqués et tous d'accord pour se méfier des automobilistes. Cette concordance des gestes et des avertissements parentaux préserve l'individu de toute fantaisie pendant la traversée d'une rue. Tout manquement est brutalement sanctionné par un coup de freins ou de klaxon et par la peur du choc. Personne autour de vous ne vous incite à traverser les yeux fermés. Personne n'affirme que traverser sans regarder ne comporte aucun danger. Toute la société, famille comprise, tient le même langage de prudence au moment de s'engager sur la chaussée. Le résultat est que seuls les enfants qui n'ont pas encore bien appris et les personnes sous l'emprise de l'alcool peuvent s'aventurer au milieu de la route sans précaution et sans peur.

Pour le tabagisme, la situation est toute différente.

Le tabac est responsable de plus de 60 000 morts par an en France, mais reste en vente libre. Il y a beaucoup plus de victimes du tabac que de la route et peu d'éducation dans ce sens. Les paquets sont beaux, colorés, décoratifs, mais comportent des avertissements médicaux semblables à des faire-part de deuil qui contrastent par leur brutalité avec l'esthétique du paquet. De nombreux parents, médecins et amis fument. En résumé, tout ce qui se rapporte au tabac est **paradoxal et pervers**. Les messages sont confus, contradictoires, ce qui est à même de perturber l'acquisition d'une position de défense claire et durable. Chaque fois que nous avons du mal à trancher, nous nous immobilisons dans une confusion qui peut durer indéfiniment. Un problème qu'il nous faudra porter tant qu'il ne sera pas résolu.

En résumé, on nous apprend dès l'enfance à être prudents en traversant la rue et toute la société y participe, mais qui nous apprend à nous méfier du tabac ? Et comment ?

Faisons un peu de fiction. Si demain, chaque fois qu'une personne prend une cigarette, il s'en trouve dix pour pousser des cris horrifiés comme lorsque nous traversons la rue sans regarder ; si le plant de tabac est perçu comme de l'arsenic ou un champignon vénéneux et si cet avis est partagé par l'ensemble de la population et de la société de la même manière que tout le monde s'accorde pour regarder à droite et à gauche avant de traverser une rue, alors le problème du tabagisme pourrait être vraiment résolu favorablement. Mais je rêve, bien entendu.

Le tabac comme le cannabis et l'alcool sont des substances proposées par des humains pour faire fructifier des commerces honteux à destination d'autres humains qui ont peu de moyens de se défendre compte tenu de notre suggestibilité naturelle, de notre aptitude fondamentale à être suggestionnés par notre environnement.

Cette capacité naturelle, qui nous aide à entrer en relation avec le monde, a d'abord des fonctions d'apprentissage et d'adaptation.

Il arrive que cette capacité naturelle soit honteusement utilisée ou exploitée par d'autres pour faire fructifier un commerce que rien ne peut justifier.

Ne vous laissez pas faire ! Défendez-vous face à ces **systèmes pervers** qui ne nous respectent pas.

Certains fumeurs se lancent de dures critiques : « Je n'ai pas de volonté, je suis suicidaire. » Il n'en est rien. Vous êtes parfaitement normal. Ce sont les pièges qui vous sont tendus qui sont sournois.

Le piège à loups

Pour capturer des animaux sauvages et prendre leur chair ou leur fourrure, les humains conçoivent des pièges constitués de mâchoires d'acier. Au centre du piège, un morceau de viande est placé pour attirer l'animal en quête de nourriture. Guidé par la faim, celui-ci tente de se saisir du morceau de viande, ce qui déclenche la fermeture des mâchoires d'acier sur sa patte. Lorsque loups et renards se font attraper, personne ne les critique, ne se moque d'eux ou ne les traite de suicidaires, ni ne les accuse de manquer de volonté ! Nous avons pitié des animaux qui se font attraper par un piège pervers qui a utilisé un processus naturel, la faim, pour réduire leur méfiance. Pour les humains, notre attitude doit être identique. Le piège-tabac est tordu, il est parfois difficile de s'en éloigner rapidement. Les victimes de ce piège ne sont ni suicidaires ni d'un caractère faible. Il est normal pour un humain de se laisser attirer par des expériences nouvelles ; ce qui est inacceptable, c'est de profiter de cette disposition humaine naturelle pour proposer des plantes mortelles à des personnes, souvent des adolescents, qui peuvent tarder à prendre conscience du mauvais tour qu'on leur a joué.

Cette image du piège à loups peut vous inspirer un comportement d'évitement. Identifier le piège grossier et passer votre chemin, par exemple.

Le rôle de ce livre est d'accélérer chez vous l'installation d'une méfiance que vous allez entretenir tout au long de votre vie. Une méfiance envers les plantes inadaptées à notre corps.

Ne passez pas trop vite d'un chapitre à l'autre, prenez le temps de visualiser dans les détails la scène proposée.

Devenir une victime

Je dois nuancer mes propos tenus dans le paragraphe précédent.

Dans le cas de l'animal pris au piège, il y a une surprise totale pour l'animal qui désirait se saisir d'un morceau de nourriture. Il n'y a chez lui absolument aucun désir de mourir. Pour les humains, il existe une ambiguïté entre la naïveté du geste et la connaissance du risque et de la toxicité du produit. Le comportement du fumeur ne traduit pas une volonté suicidaire, mais il entretient un geste autodestructeur. La répétition de ce geste stimule la part de soi impliquée dans le désir de mourir et favorise le déséquilibre hormonal qui le sous-tend. En résumé, rire accentue notre plaisir de vivre tandis que fumer nourrit et amplifie les tendances suicidaires inhérentes à chacun de nous.

Des photos du cerveau en activité (neuro-imagerie) montrent que les traits de la dépression tels que la tristesse, le sentiment de désespoir, l'agressivité et l'immobilisme ont une traduction cérébrale observable sous la forme d'une diminution d'activité de récepteurs sérotoninergiques dans le cortex préfrontal. Lorsqu'une personne a des tendances suicidaires et un jugement négatif sur elle-même, son cerveau exprime ce dysfonctionnement entre autres par un dysfonctionnement de ces récepteurs 5-HT[1].

Le corps et l'esprit fonctionnent simultanément. Il n'y a pas de sentiment qui n'ait son support hormonal, cérébral et corporel.

Des pathologies chroniques comme la sclérose en plaques augmentent par cinq, voire plus pour l'épilepsie, le risque de suicide dans la population générale. Le

---

1. C.-S. Peretti, « Traiter le cerveau », *A.I.M.*, n° 97, 2004.

tabac est une pathologie chronique qui entraîne également un taux de suicide plus élevé. Cela signifie qu'entretenir une activité destructrice augmente l'envie de mourir chez une personne prise dans ce comportement quotidien. Savoir qu'un geste compulsif et répétitif est nocif pour le corps favorise les idées et l'acte suicidaires.

Une autre étude[2] effectuée chez l'homme montre qu'une administration régulière de nicotine abaisse la synthèse et les taux de sérotonine.

Malone[3] a démontré que la sévérité du comportement suicidaire était liée au fait de fumer la cigarette. Le fumeur sait qu'il entretient un geste destructeur et le corps du fumeur le sait également et les deux y réagissent par la déprime et la baisse de l'hormone du plaisir de vivre.

En résumé, les fumeurs ne sont pas spécialement tentés par la mort, mais, à force de côtoyer et d'absorber une plante qui donne la mort, ils favorisent en eux des idées suicidaires.

Chasseur de singes

L'éthologie, qui étudie le comportement des animaux, est une source d'inspiration pour une bonne utilisation de nos ressources ainsi que pour la pratique de l'autohypnose.

---

2. Benwell *et al.*, Psychopharmacology (Berl). 1990 ;102 (1) : 68-72.
3. Malone *et al.*, J Emerg Nurs. 2003 Feb ; 29 (1) : 75-7.

Laissons Luis Sepúlveda[4] nous décrire la capture de singes telle qu'elle se déroule en Amazonie :

« Dans la région des ouistitis, animal que recherche l'homme blanc, dans les terres de haute végétation, il [le chasseur] vida plusieurs douzaines de noix de coco pour préparer les pièges. Il l'avait appris des Indiens Shuars et ce n'était pas difficile. Il suffisait de vider les noix en y pratiquant une ouverture d'un pouce de diamètre au maximum, de faire de l'autre côté un petit trou pour y passer une corde, et de bloquer celle-ci au moyen d'un nœud très serré. Il attachait l'autre bout de la corde à un tronc d'arbre et disposait ensuite quelques cailloux dans la coque creuse. À peine s'était-il éloigné que les singes, qui l'avaient observé d'en haut, descendaient pour voir ce qu'il y avait dans les noix. Ils les prenaient, les agitaient, et à force de les secouer et d'entendre le bruit produit par les cailloux, finissaient par y plonger la main pour essayer de les retirer. Et quand ils en avaient attrapé un, ils ne voulaient plus le lâcher et se débattaient vainement sans réussir à l'extirper. Le lendemain, il partit relever ses pièges. Il trouva une douzaine d'animaux épuisés par leurs efforts stériles pour libérer leurs mains prisonnières des noix de coco. »

Je vous demande de faire une pause pour bien visualiser la scène qui se présente au chasseur lorsqu'il vient

4. L. Sepúlveda, *Le Vieux qui lisait des romans d'amour*, Paris, Éd. Métailié, 1992.

relever ses pièges. Les singes sont au sol, épuisés, et le chasseur s'en approche sans qu'ils puissent s'enfuir. Ils ont peur, c'est la mort qui les guette, mais ils ne parviennent pas à faire le geste simple de relâcher les cailloux. Ils risquent la captivité ou peut-être la mort pour de vulgaires cailloux sans valeur. Leur attention a été attirée sur ce piège grossier et ils n'ont pu s'en détacher. Le chasseur a misé sur la curiosité naturelle des singes. Cela ressemble étrangement à la situation des fumeurs qui tiennent une plante toxique qui ne présente aucun avantage. Ils mettent parfois des années avant de pouvoir la relâcher. Ils sont nombreux à mourir à cause de ce piège pervers dans lequel ils sont tombés, avant même d'avoir tenté une sortie.

Nous ne pouvons pas nous moquer des singes qui n'avaient qu'un geste simple à faire pour sauver leur vie, puisque les humains sont dans la même situation. Ils tiennent une plante toxique comme d'autres tiennent une peur, une obsession ou un souvenir triste, et la souffrance s'installe si nous tardons à lâcher prise.

En Amazonie, les chasseurs ne laissent aucune chance aux singes qu'ils capturent. Toutefois, il existe certains scénarios où le singe parvient à relâcher sa prise.

Je vous pose alors une question et vous demande d'y répondre sans lire plus avant le livre :

Quelles possibilités a le singe pour se délivrer ?

Prenez le temps de trouver vos propres réponses.

Les patients fumeurs m'ont proposé plusieurs solutions :

« Lui faire peur ! »

Réponse : « Non, la peur le contracte davantage dans son piège. »

« Lui expliquer calmement le problème. »

Réponse : « Difficile pour un singe… »

« Lui apprendre à ouvrir la main par imitation. »

Réponse : « Bonne idée. »

« Lui proposer une femelle qui l'intéresse davantage. »

Réponse : « L'amour est un autre piège dans lequel il est recommandé de tomber. »

« Lui proposer autre chose qui l'attire, un fruit ? »

Réponse : « Oui. »

Dans l'expérience, il lui est proposé une banane que l'on place à distance. Il arrive qu'après moult tergiversations, le singe se mette à fixer la banane qu'il désire avec beaucoup de gourmandise et d'appétit. Il sent alors sa main prisonnière se ramollir, tant et si bien qu'il sort du piège, fasciné par le fruit vers lequel il se dirige. Il ne s'est même pas rendu compte qu'il a vaincu la perversité du piège. Il n'a utilisé ni la peur ni la volonté. Si on l'avait laissé, fixant obsessionnellement le piège, son incapacité serait allée grandissant. Mais son attention s'est posée sur autre chose d'agréable, de connu, et son monde s'est ouvert comme sa main captive. Et vous, si vous savez à quoi vous renoncez, savez-vous vers quoi votre attention s'est déjà orientée ?

Le traitement

Toutes les étapes thérapeutiques sont contenues dans l'histoire qui précède. Nous pouvons la reprendre point par point.

D'abord, avez-vous bien repéré **la nature du piège** ? Est-ce le tabac ou plutôt la façon de le voir ou encore la croyance erronée qu'il est un remède au stress, à la solitude ?

J'ai coutume de penser que ceux qui ont pris la peine de lire ce livre savent précisément décrire ce qu'est le piège, contrairement aux autres qui ne peuvent pas encore le dénoncer.

Ensuite, vous êtes à l'étape de relâcher. Si vous pensez que vous pourriez fumer une seule cigarette par jour, vous ne pourrez pas guérir. Seule une main vide peut sortir du piège comme elle y est entrée. Vous relâchez la plante toxique, les accessoires, les habitudes, la dépendance et tant d'autres éléments qu'il est préférable de les résumer par « relâchez tout ce qui vous blesse » sans nommer tous ces éléments. L'énumération est fastidieuse, inutile, et risque de focaliser excessivement votre attention sur le problème. Faites comme le singe, portez votre attention sur « la banane ». Est-ce un être qui vous est cher ? une simple sensation de mieux respirer ? le plaisir de vivre ? la saveur d'un fruit ?

En même temps que vous lisez ces phrases, quelques-uns de vos muscles se sont relâchés et le travail se fait ainsi naturellement.

Dès que la panoplie du tabagique est relâchée, la sortie du piège devient facile. Il vous faut maintenant vous en éloigner suffisamment pour ne pas être tenté d'y retourner. Je vous ai donc conseillé de **ne pas en faire un sujet de conversation** afin de regarder devant vous. Tout ce qui ramène la discussion sur ce sujet peut relancer l'attraction vers le piège ou vers des pièges similaires.

Vous vivez depuis si longtemps avec ce couple plaisir-souffrance qu'il vous est devenu familier. La tentation est grande alors de vous diriger vers d'autres systèmes identiques tout aussi pervers, tels que les aliments sucrés ou l'alcool. Vous devez exercer votre méfiance envers tous les pièges conçus par les industries perfides qui n'ont d'autre objectif que le profit au mépris de notre santé.

Une fois sortis du piège, il arrive que certains soient trop confiants dans la maîtrise du procédé de libération et tentent de retourner dans le piège, assurés qu'ils sont de savoir en sortir à volonté. Mais c'est comme mettre la main dans le feu, cela brûle chaque fois que l'on s'y expose. Le tabac est une plante qui détruit sans distinction et immanquablement tous ceux qui s'y intéressent.

En conclusion : relâcher, sortir, s'éloigner et garder la méfiance définitivement.

11 Les liens, les ressources

Drogue et liens

Les humains sont des machines à explorer le monde et à créer des liens. Une personne libre est une personne qui a beaucoup de liens, mais des liens de toute nature et essentiellement des liens valorisants.

Les drogués, les toxicomanes sont souvent décrits comme ayant une personnalité addictive, avec des liens de dépendance chronique. Il s'agit d'un malentendu. C'est l'inverse, un « drogué » est une personne qui n'a pas assez de liens bénéfiques et quelques pauvres liens toxiques. Elle a souvent subi une rupture avec sa famille, avec le monde du travail, elle est désinsérée socialement et souffre d'un manque de liens gratifiants.

C'est également ce que nous observons avec les patients alcooliques en conflit avec leur famille, avec leurs employeurs et avec eux-mêmes.

Les tabagiques aussi ont une rupture de liens. Les liens au corps sont essentiellement atteints et cela provoque une indifférence au corps et à sa souffrance. Une étude clinique récente[1] a montré chez de jeunes étudiants fumeurs des altérations significatives de leur forme physique, de leur vitalité, de leurs aptitudes sociales et même d'un indicateur de santé mentale. Lorsque les liens avec certains organes ou certaines fonctions sont défaits, alors ces organes et/ou ces fonctions évoluent pathologiquement sans qu'il y ait perception des problèmes à résoudre. On observe une réelle cécité qui nie la détérioration des organes et provoque l'abandon du corps à son propre sort. Lorsqu'un fumeur vous dit que le tabac est un plaisir, nous entendons bien que ce terme de plaisir ne s'adresse qu'à une petite partie du cerveau (représentant moins de 1 % du corps) pour laquelle le tabac est devenu une drogue, et ne s'adresse pas aux autres organes qui composent 99 % du corps et pour lesquels le tabac est une souffrance. Dire que le tabac est un plaisir est la preuve d'une focalisation extrême de l'attention sur la zone réduite du corps qui ressent du plaisir, pendant que le reste du corps, soit sa quasi-totalité, hurle sa souffrance sans être entendu.

Une simple conversation avec des patients ou des amis fumeurs peut vous confirmer cette cécité. Bon nombre des fumeurs chroniques ont la voix rauque, éraillée,

---

1. Martinez, Mota *et al.* (février 2004), *Chest* 125 (2) : 425-428.

le souffle court, la peau grise, les dents jaunes, mais se trouvent en bonne santé, et cela en toute bonne foi. Ne mettez pas en doute leur sincérité, leur cécité est psychogène mais réelle. Ces patients sont guéris du tabagisme à l'instant même où ils retrouvent une vue normale.

Le faux remède

Après quelques années de consommation quotidienne, le tabac est devenu un remède. De nombreuses personnes l'utilisent pour calmer leur nervosité. Regardez le manège des fumeurs dans les bureaux d'une agence de publicité, dans la salle de rédaction d'un journal, dans les coulisses d'un orchestre symphonique et depuis quelque temps au pied des immeubles des quartiers d'affaires. Après la fébrilité qui suit un conflit ou un souci affectif vient la nécessité d'une pause.

Observons attentivement le comportement d'un fumeur. Le téléphone sonne, il ou elle allume une cigarette. Une altercation éclate entre collègues : même scénario. Le directeur manifeste son désaccord, une nervosité apparaît, accompagnée de tics sur le visage, les bras – l'appel de la cigarette se fait intense, sitôt sorti du bureau il faut en allumer une pour atténuer le malaise.

Commentaire : fumer est un remède pour lutter contre le stress.

Continuons d'observer notre fumeur(se).

Elle est en vacances, elle se détend au bord de la piscine, des amies la rejoignent et tout le groupe se met à fumer.

Commentaire : fumer permet et facilite la convivialité.

Il travaille de nuit ; les heures passent lentement à surveiller le parking et l'entrepôt. Il se sent seul et allume une cigarette.

Commentaire : la cigarette est un remède contre la solitude.

Il est devant son ordinateur et cherche des idées pour écrire un scénario, c'est son métier. Il allume une cigarette et, dans les volutes de fumée, les idées se forment.

Commentaire : fumer est un remède à la page blanche et permet la concentration.

Ses enfants l'énervent, ils ne se comportent pas comme elle l'aurait espéré. Sa cigarette est une vraie amie qui va la consoler de sa déception de mère.

Commentaire : fumer est un remède pour les mamans déçues et inquiètes.

Le matin, les yeux encore pleins de sommeil, il boit son café en fumant. Ce mélange agit sur ses intestins, il se dirige alors vers les toilettes.

Commentaire : fumer est un remède à la constipation.

Cette liste pourrait s'étirer à l'infini. Les questions que vous pouvez vous poser sont les suivantes : pourquoi et comment vous priver d'une substance qui vous est si utile ?

Et : comment font ceux qui ne fument pas pour résoudre ou calmer tous leurs problèmes du quotidien ?

Il faut savoir que la cigarette et sa nicotine n'apaisent qu'une personne en manque de tabac qui présente effectivement des troubles de la concentration, une irritabilité, de la constipation et de l'anxiété. Elle n'a aucun effet thérapeutique sur une personne libre ou sevrée. Le tabac est uniquement le remède au manque de tabac !

Continuons si vous le voulez bien l'observation de nos fumeurs.

Le repas fut excellent, l'estomac est comblé, le moment est venu d'allumer une cigarette et de soupirer d'aise.

Commentaire : fumer augmente le bien-être de l'après-repas.

Pour le départ en retraite de sa collègue, un buffet de victuailles a été dressé, il est 18 heures. Elle ressent une très forte envie de manger. Sa main se dirige aussitôt vers son paquet de cigarettes et son appétit semble se calmer.

Commentaire : fumer est le traitement de l'avidité alimentaire.

Au troisième jour de vacances, elle et lui commencent à se détendre. Pourtant, la cigarette continue d'accompagner la partie de cartes ou de pétanque. Même après avoir fait l'amour, une cigarette reste très appréciée.

Commentaire : fumer accompagne et amplifie les plaisirs de la vie.

Nous avons vu que le tabac semble être un remède aux problèmes de la vie. Nous voyons maintenant qu'il est également présent dans les bons moments de la vie. Au final, il a parasité tous les gestes, toutes les pensées, tous les actes de défense ou de plaisir. Il a envahi comme un imposteur la totalité de votre corps, de votre chair. Il est présent dans vos croyances, dans vos meubles, dans le tissu de vos habits, dans le pelage de votre chien, dans la totalité de votre espace jusqu'à l'étouffement.

Que dire d'un remède qui provoque tant de dégâts dans le corps jusqu'à être pire que le mal qu'il est censé soigner ? Qu'il est **un faux remède** !

Il vous reste à trouver les vrais remèdes.

Le fumeur déclare que fumer du tabac apaise son anxiété. Il faut le croire. Mais si nous donnons du tabac à une personne anxieuse qui n'est pas dépendante dudit tabac, son anxiété persiste. Donc le tabac n'est pas efficace contre l'angoisse. Il est simplement une drogue qu'il faut prendre régulièrement sous peine de souffrir du manque. Toutefois, l'élément apaisant existe, il est produit par la pause nécessaire au rituel du fumeur. Fumer s'accompagne d'un retour sur soi-même, d'un recul, d'une mise à distance provisoire des soucis. Étienne est inquiet, il finit par prendre nerveusement une cigarette, l'allume et tire une bouffée accompagnée de grandes respirations de bien-être. Pour cette pause, il a interrompu son travail, ses idées vagabondent ailleurs et il étire son corps en larges inspirations de soulagement. Ces derniers éléments sont la vraie thérapie du stress.

Qu'est-ce qui calme le chagrin, l'anxiété et le deuil ? Qu'est-ce qui nous donne de l'inspiration, de la créativité et du plaisir ? C'est le corps, bien entendu. Il vous faut faire l'expérience d'observer le travail fin et subtil de votre corps calmant jour après jour une sourde colère, ou un sentiment d'injustice si violent qu'il vous paraissait improbable de le voir un jour s'apaiser. C'est le corps avec son cortège d'hormones en tout genre qui assurent l'adaptation des humains à leur séjour terrestre.

Méfiez-vous des faux remèdes qui veulent se substituer à vous-même sous prétexte qu'ils pourraient agir plus vite ou mieux. Rien ni personne ne peut faire le travail mieux que votre corps.

Ceux qui ont accepté de croire que l'alcool, le tabac ou le cannabis sont des remèdes ou des plaisirs ont enlevé au corps ses propres attributions. C'est un vrai bonheur de voir la manière dont votre corps va résoudre physiologiquement le problème du manque et assurer votre défense face aux difficultés de la vie.

La cigarette, certitude du lendemain ?

La cigarette peut également jouer le rôle rassurant d'une compagne indéfectible. Le fumeur sait qu'il peut compter sur sa présence chronique. Tout est incertain, sauf la certitude de pouvoir fumer.

L'être humain est un être en équilibre qui a senti la fragilité de cet équilibre pouvant être rompu facilement, et qui tente de le maintenir par des moyens qui lui sont propres. L'adjonction du tabac crée un déséquilibre qui déstabilise la personne et peut également, à la longue, la faire chuter. Si la vie est un équilibre instable, ce qui est le propre de l'équilibre, alors nous pouvons dire que l'état du fumeur est un équilibre encore plus instable ou, à l'opposé, un déséquilibre stable en tant que pathologie chronique. Le fumeur peut prédire avec certitude les gestes qu'il aura lorsque le téléphone va sonner, lorsqu'il apprendra une mauvaise nouvelle ou lorsqu'il boira son café, ou simplement lorsqu'il sera énervé. Il connaît ses réactions à l'avance, il connaît l'avenir. Ce savoir prédictif peut réellement être rassurant pour une personne anxieuse qui a ainsi prise sur les événements futurs. Il y a une grande inquiétude à ne pas savoir de quoi demain sera fait. Il peut être rassurant d'en savoir un peu plus sur le futur : « Il y a au moins une chose dont je suis sûr, la présence du tabac à mes côtés aujourd'hui et demain. Je contrôle une partie de ma vie. » Il se construit ainsi un des paradoxes les plus pervers qui soient : la personne peut préférer la maladie en ce qu'elle a de stable et de prévisible au détriment de la vie parce qu'elle est imprévisible et instable. Comparée aux aléas de la vie, la maladie tabagique chronique peut présenter un avantage apaisant pour des personnes soucieuses de contrôler leur quotidien. Ce désir de contrôle excessif est pathologique. Il pousse les personnes à vouloir savoir tout sur tout, dans l'objectif d'être rassurées en permanence.

Le tabac devient un îlot de certitude auquel on s'accroche, perdu dans un archipel d'incertitudes. Et l'on finit par préférer la certitude de la maladie que l'on s'inflige aux incertitudes de la vie qui échappe à tout contrôle. Triste destinée !... qui a le mérite de pointer sur les changements à opérer pour guérir.

Le tabagisme apparaît comme un monde organisé. Le stress a un remède immédiat, c'est le tabac – la solitude, le chagrin et l'appétit ont également leur antidote, c'est le tabac. Nul besoin de s'en inquiéter. Il n'y a pas de place possible pour l'ennui et l'attente. Tout est comblé rapidement, rempli jusqu'à l'asphyxie, autant le corps que la pensée. Cette exigence du contrôle extrême des émotions et des gestes ne laisse plus de place au vide. Le vide est pourtant le passage nécessaire à la créativité, à l'imagination qui utilise les ressources d'un individu. Il faut savoir s'ennuyer et s'angoisser pour attendre que le corps invente un vrai remède, une vraie solution à nos malaises. Il faut savoir attendre, ne pas exiger une réponse tout de suite et laisser le temps au cerveau de faire le tour de ses expériences propres pour atténuer ses peurs et regarder la vie sous un angle qui la rend supportable, voire agréable.

Quand un fumeur vous dit « J'en ai marre » ou « J'en ai assez du tabac », c'est qu'il a la curiosité d'expérimenter d'autres réponses que le tabac aux soucis du quotidien.

Utiliser ses ressources

Un des principes de base de l'hypnose ericksonienne est d'affirmer que la totalité du savoir a été acquise au cours des premières années de la vie et a fait l'objet de nombreuses utilisations par la suite. Le travail du thérapeute est d'entraîner le patient à visiter son propre magasin où sont entreposées ses ressources. L'émergence de ce savoir se fait par la reviviscence d'expériences qui témoignent de l'existence de ce savoir. L'apprentissage consiste à assembler chaque fois de façon différente, à la manière d'un assemblage libre, les pièces de Lego, la structure utile pour résoudre un problème posé. Il ne sert à rien d'être convaincu de ses possibilités, il suffit juste d'en faire l'expérience par une série d'exercices d'assemblage qui empruntent à la créativité de l'être humain, à sa capacité à créer des formes nouvelles adaptées à la situation à partir d'un matériau de base.

Ce qu'on appelle la confiance est une sensation confuse, pressentir l'existence dans son corps de ce matériau élémentaire et aimer jouer à assembler les pièces. L'état de bonne santé provient de la relation établie avec la totalité des pièces du puzzle. La maladie apparaît dès qu'une pièce est exclue. Dans le tabagisme, de très nombreuses pièces sont exclues : les poumons, la peau, la sensation de liberté, l'odorat, les artères, le sens critique, etc. Lorsqu'un organe est ainsi dissocié du reste du corps, il sort de sa protection – il ne peut plus bénéficier des systèmes de défense, il se détériore inexorablement.

Pour guérir, nous avons tiré sur les fils de la marionnette qui se désarticulait. Ce resserrage a rassemblé tous les composants éparpillés. Le fumeur voyait son corps partir en miettes, et dans un geste vital il reprend contact avec tout ce qui le définit. Ce geste ne résulte pas d'un effort, il est plutôt le résultat d'une impulsion salvatrice.

La plasticité cérébrale

L'expression « plasticité cérébrale » est employée pour rendre compte de réorganisations des connexions entre des neurones du cerveau. Par exemple, la diminution ou la disparition de la douleur ressentie dans les mois qui suivent une amputation d'un membre est un effet de la plasticité cérébrale. Le cerveau a été capable d'interrompre la douleur par la modification de circuits de neurones. Autre exemple, sortir d'une dépression est possible grâce à de nouveaux chemins apaisants que la pensée emprunte dans le cerveau.

La structure du cerveau n'est pas immuable. Comme dans une ville, il existe dans le tissu cérébral un réseau d'avenues, de boulevards, de ruelles et d'impasses plus ou moins praticables. La plasticité est la possibilité pour ce tissu vivant de créer d'autres rues et passages qui sont le substrat du changement.

Cette plasticité du tissu nerveux est sollicitée chez le fumeur qui désire arrêter de fumer. Pour ressembler à un non-fumeur, le fumeur va emprunter des canaux déjà existants qui datent de la période où il ne fumait pas. Mais on peut penser que la solidité de l'entreprise repose également sur la création d'un nouveau réseau de neurones qui contient toute l'attitude du non-fumeur – avec ses sentiments de fierté, de guérison, de rébellion, de soulagement liés à son nouveau statut.

La création de ce réseau prend du temps. Plusieurs fois, le fumeur doit tester cette façon d'être. Il s'exerce à se voir non-fumeur. Il faut qu'il se sente gagnant pour pouvoir valider ces circuits.

Lorsque l'hypnotiseur demande à son patient de se mettre dans cette sensation anticipée d'en avoir fini avec cette dépendance, il se fait une exploration de ces réseaux, une sorte d'accommodation, des essais de circuits dont on espère en retour la jouissance de la réussite – le circuit de la récompense.

Comme une paramécie

La pratique de l'hypnose nous montre que le salut n'est pas dans la pensée mais dans le corps. Pour le projet de sauver le corps de l'emprise du tabac, la solution n'est pas dans l'approfondissement d'une réflexion ou dans la recherche des causes dudit tabagisme qui tourne souvent à la rumination et à la culpabilisation. La solution est animale et, à l'extrême, elle est non cérébrale.

Écoutons Antonio Damasio[2] décrire le comportement d'une paramécie dans son milieu aquatique : « Songez à la paramécie solitaire, cet organisme unicellulaire simple qui n'est qu'un corps sans cerveau, sans esprit, et qui s'enfuit quand elle détecte des signes de danger – des variations brusques de température, des vibrations excessives, le contact d'un objet contondant qui pourrait rompre sa membrane – pour réagir en se déplaçant vers un lieu plus sûr, plus tempéré, plus calme. De même, elle nage vers des pâturages aquatiques plus verts lorsqu'elle a détecté la présence des molécules chimiques dont elle a besoin pour sa ration d'énergie et son équilibre chimique. Cette créature dépourvue de cerveau se comporte comme régie par des processus émotionnels – c'est-à-dire la détection de la présence d'un objet ou d'un événement qui recommande évitement, fuite ou au contraire affrontement et approche. L'aptitude à réagir

---

2. A. Damasio, *Spinoza avait raison*, Paris, Odile Jacob, 2003.

de cette façon n'est pas apprise – on ne fait guère de pédagogie dans les écoles de paramécies. Elle est contenue dans la machinerie génétique simple en apparence et pourtant si compliquée qui se trouve au sein de la paramécie dépourvue de cerveau. Cela montre que la nature s'est, depuis longtemps, souciée de fournir aux organismes vivants les moyens de réguler et de préserver leur vie de façon automatique, sans se poser de questions, sans avoir besoin de penser. »

Damasio avance l'hypothèse que les processus de survie ne dépendent pas de la pensée mais d'un sens inné biologique inscrit dans les cellules les plus rudimentaires. Quand on interroge les fumeurs sur leurs premières expériences de consommation de tabac, ils rapportent la survenue de nausées, de toux irritative et de vertiges après l'inhalation. Ces signes témoignent assurément de l'incompatibilité entre le corps et le tabac. Ces effets pénibles qui suffiraient à faire fuir la paramécie peuvent être parasités chez les humains. De nombreux éléments liés au social et au familial peuvent perturber la répulsion naturelle pour le tabac et faire qu'une personne s'en approche au lieu de s'en éloigner. Si une cellule qui ne pense pas, faute de cerveau, parvient à bien s'orienter contrairement aux humains qui eux disposent d'un cerveau, il nous faut accuser le cerveau et la pensée d'être responsables de notre désorientation. Pour en guérir, les humains doivent donc mettre leur **pensée en pause technique**. Cette mise à l'écart temporaire de l'intellect est une des fonctions principales de l'hypnose qui rend possible l'expression du sensoriel à l'instar de la paramécie.

La ressource consiste à utiliser des expériences engrammées, comme imprimées, dans le corps pour rétablir une distinction entre ce qui est une menace et ce qui est vital.

L'âge, l'ancienneté et la gravité de l'intoxication tabagique n'enlèvent rien à la capacité d'utiliser ses propres ressources et de retrouver confiance en soi.

Cas cliniques

Les deux cas cliniques suivants illustrent ces notions :

• Un collègue médecin m'adresse sa maman de 76 ans qui vit en Corse et qui désire arrêter de fumer. Sa consommation est de deux paquets par jour. Cette dame très ouverte et sympathique me confie qu'elle a commencé à 16 ans et a donc fumé sans discontinuer depuis soixante ans.

Elle présente une insuffisance respiratoire grave et a recours fréquemment à l'oxygène en bouteille, ce qui explique l'empressement de son fils à me l'adresser. J'ai souvent remarqué que les personnes qui consultent sous la pression de la famille manquent de maturité dans leur décision. Une altération grave de l'état de santé est également loin d'être garante de succès dans la thérapie. Je ne suis donc guère enthousiaste et même un peu pessimiste pour accompagner son sevrage. Mais elle vient de loin et ne peut remettre au lendemain cette séance. Je lui demande de rejoindre un petit groupe de trois personnes réunies pour suivre la même thérapie par l'hypnose.

Quand elle entre dans la pièce, j'observe la réaction des autres participants qui la regardent haleter et siffler bruyamment avec difficulté. Les regards sont inquiets et les respirations bloquées dans un mimétisme oppressant. Ils ont devant eux leur propre image projetée dix à quinze ans en avant si leur tabagisme se poursuit.

Je n'avais plus rien à dire sur les méfaits du tabac. Avant le début de la séance, nous savions tous que ces images resteraient définitivement dans notre mémoire. Pendant la séance, je m'attache à apaiser les inquiétudes et à faire visualiser des éléments agréables et le plaisir à respirer et à vivre. Je sens bien que ce n'est pas moi qui fais la séance mais ma patiente de 76 ans. Au bout d'une petite heure, je demande au groupe d'ouvrir les yeux. À ce moment, la mère de mon collègue s'étire et m'annonce que pour elle « le problème est réglé ». De toute façon, son fils est médecin et elle lui a promis.

La sensation de confiance qui a circulé pendant cette séance était palpable et ne provenait pas d'un effort. Elle émanait naturellement du groupe et chacun savait désormais avec certitude ce qu'il avait à faire.

Elle m'adressera sa fille qui parviendra également à s'arrêter et qui m'informera du succès de la thérapie à deux ans. La fille rechute après quatre années et revient faire son sevrage. Elle me donne encore des nouvelles de sa maman qui ne fume toujours pas au bout de six années après une seule séance d'hypnose.

• Un homme de 71 ans, garagiste à la retraite, sollicite un rendez-vous pour arrêter de fumer. Il me confie qu'il a commencé à fumer avant l'âge de 10 ans en roulant des feuilles de maïs dans les champs avec ses copains. Cela fait donc soixante ans qu'il fume sans interruption ses vingt à trente cigarettes par jour. Après tant d'années, il est normal d'observer chez lui une insuffisance respiratoire ainsi que des troubles artériels. Plusieurs tentatives précédentes avec des gommes à la nicotine ont échoué. Il me parle de l'espoir qu'il met dans l'hypnose. Au cours de la séance, je prends soin d'utiliser ses propres termes et ses souvenirs d'enfance. Je fais des suggestions qui lui attribuent le mérite du sevrage. Il quitte mon bureau au bout d'une heure et demie. Il me donne de ses nouvelles quelques mois plus tard par téléphone. Il me remercie parce qu'il ne fume toujours pas. Il ajoute qu'il s'est rendu dans un site touristique qu'il connaît bien où il y a cent marches à gravir. Habituellement, à bout de souffle, il devait faire une pause toutes les dix marches. Quelques mois après l'arrêt du tabac, il a pu les gravir d'une seule lancée sans aucune pause contrairement aux années précédentes. Un bénéfice rapide du sevrage s'est manifesté et a inversé la spirale destructrice. Il me dit qu'il se tient à ma disposition pour témoigner à qui veut l'entendre de la possibilité de guérir même à un âge avancé, avec une intoxication chronique et ancienne et des échecs de sevrage répétés. Il me donne régulièrement de ses nouvelles par téléphone depuis dix ans. Cet homme avait commencé très tôt à fumer et n'avait même plus un souvenir de lui avant le tabac. Toutefois, sous hypnose, ses processus inconscients ont retrouvé dans la « réserve » des images et une sensation agréable de respirer librement qui lui ont permis de résoudre son problème.

Il m'est arrivé d'utiliser l'hypnose pour désintoxiquer des personnes de plus de 80 ans. Le confort qui en a résulté fut extraordinaire pour ces patients. Il ne faut pas vous arrêter de fumer pour vivre plus longtemps mais pour que chaque instant que vous vivez soit plus agréable.

12
L'hypnose-magie

La toute-puissance de l'hypnose

L'hypnose est parfois perçue comme une puissance magique qui se substitue à la personne.

« L'hypnose va forcer ma volonté », « Seul, je n'y arriverai jamais », « Je vais arrêter grâce à une puissance extérieure », « Les suggestions vont me faire un lavage de cerveau », « Cela va être comme si je n'avais jamais fumé de ma vie », « L'autorité de l'hypnose va vaincre ma dépendance », « Je suis faible, l'hypnose va me donner la force ».

Cette perception de l'hypnose-magie attribue tout le mérite du sevrage à une cause extérieure étrangère à la personne, sorte de coup de baguette qui règle le problème sur-le-champ sans explication autre que le mystère du désenvoûtement.

Ces croyances dans la toute-puissance de l'hypnose peuvent entraîner le fumeur dans un sevrage instantané, mais peuvent également provoquer une démobilisation de celui-ci qui se désimplique du travail thérapeutique. L'hypnose est censée faire tout le travail et la personne, dubitative, reste passive. Bien que de nombreux hypnothérapeutes recommandent de démystifier l'hypnose en prenant le temps d'expliquer au patient les aspects réels de cette thérapie, je ne crois pas utile de contrecarrer ces affirmations et de corriger verbalement l'image de l'hypnose. L'avantage du sevrage par la lecture de ce livre est que le lecteur est face à lui-même. Personne pour le contraindre ni pour s'approprier tout le mérite. Il est seul face à un problème, ce livre lui prend la main et il marche allègrement, difficilement, puis de nouveau avec légèreté.

Il me semble préférable de proposer des exercices qui permettent de faire directement et corporellement l'expérience de l'hypnose, ce qui vaut mieux que toutes les explications théoriques.

Les questions que vous vous posez

❑ *L'hypnose est-elle un moyen autoritaire pour soigner ?*

Certainement ! Il s'agit pour la personne de rompre franchement, autoritairement, avec des liens établis dans le passé et qui la handicapent. Ce n'est pas l'autorité abusive d'une personne sur une autre personne, mais d'une personne sur elle-même.

❑ *Je ne comprends pas pourquoi j'ai tant de volonté pour régler mes problèmes et si peu pour me débarrasser du tabac ?*

La volonté n'intervient pas dans le sevrage. C'est le plaisir qui vous motive et vous stimule. Tant que le tabac reste sur son piédestal comme la récompense suprême, les tentatives pour s'en séparer seront des efforts souvent épuisants et voués à l'échec.

L'hypnose-lecture induit un état qui rend vivants les exercices pour désamorcer ces séquences anormales qui se répétaient en leitmotiv. Puis, une fois le dérattachement obtenu, il n'est pas fait appel à des efforts de volonté mais à des efforts de vigilance qui entretiennent la méfiance envers cette plante toxique.

❑ *Faut-il que je comprenne et connaisse davantage mes raisons de fumer pour arrêter plus facilement ?*

Il est possible que comprendre soit une étape nécessaire avant de décider d'arrêter de fumer. Les écueils à éviter sont la culpabilité, la rumination et la croyance que la recherche des causes va suffire à éradiquer le tabac. Après cette étape, il faut s'en remettre à des sensations et à des réactions automatiques. Le philosophe Pierre Janet[1] décrit un des processus de l'hypnose pendant lequel la personne retrouve des automatismes sans l'intervention de l'intellectuel.

---

1. P. Janet, *L'Automatisme psychologique. Essai de psychologie expérimentale sur les formes inférieures de l'activité humaine*, thèse de doctorat en lettres, Paris, Alcan, 1889.

« Si, d'une manière générale, nous appelons automatique l'activation d'une tendance inférieure qui échappe au contrôle des tendances supérieures, et surtout la provocation d'un assentiment immédiat à la place d'un assentiment réfléchi, on peut dire que l'essentiel de ces traitements est la provocation d'actions automatiques à la place des actions supérieures et réfléchies. » Janet place l'hypnose thérapeutique sur le terrain des réflexes vitaux, et Goethe[2] nous demande de nous méfier de trop réfléchir : « Un bon vivant qui philosophe est comme un animal qu'un lutin fait tourner en cercle autour d'une lande aride, tandis qu'un beau pâturage vert s'étend à l'entour. »

En résumé, la sollicitation excessive de la réflexion intellectuelle et la recherche poussée des causes du tabagisme finissent par nuire à la capacité d'arrêter de fumer. Cela provoque bien involontairement un ancrage qui fait perdurer le comportement.

❑ *Comment puis-je augmenter ma motivation pour arrêter de fumer ?*

Le magazine hebdomadaire *Courrier international* du 24 décembre 2003 rapporte les propos de Lech Walesa, ancien président de la Pologne : « Je me suis dit : tu as fait chuter le communisme, tu as eu le prix Nobel, tu as été président et tu n'arrives pas à laisser tomber la clope ? »

2. Goethe, *Faust*.

Pour arrêter de fumer, Walesa s'est placé face au tabac dans une attitude combative. Il a quitté la soumission pour la rébellion, une attitude qui lui a souvent réussi. Il décide d'utiliser des ressources personnelles dont il a déjà l'expérience. Écarter le tabac prend l'allure d'une lutte pour la liberté et d'un combat personnel valorisant. Vue sous cet angle, l'expulsion du tabac devient **une vraie jouissance et non une affaire de volonté**.

Je vous conseille donc de tourner sans tarder autour du problème jusqu'à ce qu'une solution exaltante vous apparaisse. Délaissant une volonté austère et rébarbative, vous aurez un seul guide : le plaisir de réussir.

❑ *Faut-il renoncer à tous les plaisirs pour rester en bonne santé ?*

La cigarette est une réelle souffrance maquillée en plaisir. Elle est la jolie pomme rouge proposée à Blanche-Neige et qui l'empoisonne. Pour rester dans la botanique, nous dirons qu'elle est une plante vénéneuse.

Un jour, un patient me dit : « La cigarette fait tout de même partie des plaisirs de la vie ! » Je lui demande s'il est bien sûr de ce qu'il affirme, il me répond que oui. Je lui dis alors que si elle est un plaisir, il ne doit pas en priver ses enfants et doit même leur en proposer dès aujourd'hui. Il sourit, ressent l'inacceptable d'une telle proposition et comprend aussitôt qu'il s'agit bien d'**une toxicité maquillée en plaisir**.

❑ *Il est souvent demandé de réduire ou de supprimer l'alcool et le café pendant la période de sevrage. N'est-ce pas trop demander au fumeur ?*

Toutes ces demandes sont du même registre. Du point de vue du corps du fumeur, il trouverait anormal de voir supprimer un toxique et d'en laisser d'autres. Comme la femme battue qui refuserait enfin les coups de poing mais accepterait toujours les gifles ! Profitez de cette opportunité pour régler d'autres problèmes de santé. Si l'absorption d'alcool, essentiellement, fragilise la décision, c'est parce que les attachements au tabac et à l'alcool obéissent aux mêmes règles, à la même tendance à la soumission. Si on veut faciliter le détachement, le comportement doit être le plus cohérent possible sans rechercher la perfection, ce qui serait maladroit. Consommez préférentiellement des fruits et des légumes, votre sevrage s'en trouvera simplifié.

13
La relation au corps
Les exercices d'hypnose

L'hypnose nous permet d'entrer en relation avec notre corps. Si cette phrase vous paraît abstraite, faites les exercices suivants.

Une nouvelle fois, je vous demande de vous installer confortablement.

L'imaginaire et l'hallucination

Exercice
Durée : 1 minute

L'imaginaire fait partie du corps. Il est produit par le cerveau et nécessite l'état hypnotique. Pendant que vous lisez ces lignes, vous pouvez remarquer que votre attention se focalise sur le sens et les images qui vous sont proposés. Le reste de la pièce où vous vous trouvez passe au second plan. Vous prenez un air absent, comme inspiré. Vous avez trouvé l'état hypnotique et maintenant vous pouvez accéder à votre imaginaire et concevoir facilement les autres exercices.

Pour certains d'entre vous, les plus exercés à l'hypnose, il est possible que vous viviez les exercices avec tant de concentration et d'attention qu'ils vous sembleront faciles et instantanés. Les perceptions seront si précises qu'elles vous sembleront venir d'une stimulation extérieure, comme si une personne à côté de vous les provoquait. On parle dans ce cas d'une hallucination, terme qui signifie que vous avez dépassé l'imagination pour vivre totalement une autre réalité grâce à l'hypnose.

Les fourmillements

Exercice
Durée : 1 à 2 minutes
selon les personnalités

Installez-vous confortablement, posez vos bras sur vos cuisses ou sur les accoudoirs du fauteuil. Dégagez les extrémités de vos doigts de tout contact en les détachant du fauteuil. Portez attention à la peau qui recouvre vos doigts, elle est riche en terminaisons nerveuses qui sont à même de détecter le chaud, le froid, le doux, le rêche, la dureté, la souplesse, tous les éléments qui définissent le tact.

Observez vos mains en guettant les sensations tactiles qui apparaissent à la surface de la peau. Au bout d'un certain temps, variable suivant les personnes, se manifestent des picotements ou des sensations thermiques ou des impressions d'engourdissement sur un ou plusieurs doigts. Si cela tarde à venir, fermez les yeux pour vous couper du monde environnant et attendez patiemment. Il peut venir également des pulsations sur la pulpe des doigts ou une rigidité des articulations, une sorte d'ankylose.

Pendant cet exercice, remarquez que votre attention s'est portée vers l'intérieur de votre corps et que cela vous a donné un air absent, comme concentré. Vous êtes dans le processus de l'hypnose. Vous êtes là et vous avez l'air d'être ailleurs. Vous n'êtes pas endormi, mais votre immobilité d'attention pourrait le faire croire. Vous êtes dans le processus hypnotique. Pour entrer en relation avec le corps et ses sensations, il nous faut l'hypnose. Ou encore, dès que nous voulons porter attention au corps, l'autohypnose se déclenche naturellement.

Pour quitter l'exercice, respirez profondément et étirez-vous.

Cet exercice vous a permis de faire l'expérience de l'hypnose et vous rappelle que l'hypnose est le seul moyen à notre disposition pour avoir une vraie relation au corps, en particulier pour entendre sa souffrance et suivre ses indications pour le guérir.

La pesanteur

Exercice
Durée : 1 minute

Portez attention à votre corps et observez si des sensations de pesanteur apparaissent dans le haut ou dans le bas du corps. Dès que cet exercice débute et avant même d'avoir ressenti cette pesanteur, vous avez déclenché l'hypnose. Vous avez quitté l'état d'éveil pour installer, par la fixation du corps, un flottement avec une légère confusion qui est la première étape de l'hypnose. Essayez de définir cette pesanteur. Est-elle comme du plomb ou comme du marbre ou comme un bloc de coton ? Ou est-ce que le corps paraît confondu avec le siège ?
Pour finir l'exercice, respirez profondément et étirez-vous.

Il y aura plus loin des exercices qui vous feront vivre la deuxième étape de l'hypnose au cours de laquelle on observe la disparition de la confusion au profit d'une claire certitude.

La toux

Exercice
Durée : 1 minute

Il arrive assez fréquemment que l'intoxication chronique au tabac déclenche des quintes de toux. Cette toux sert à expulser les poussières et les sécrétions bronchiques qui encombrent les poumons.
Toussez ! ou imaginez dans le détail votre toux ou celle d'une personne tabagique. La toux est l'expulsion brutale de substances toxiques qui n'ont rien à faire dans les bronches. Par ce signe, le corps montre son allergie aux poussières du tabac. Pour être efficace, la toux doit être brusque. Une petite toux retenue ne peut dégager l'encombrement. Le corps explique précisément la marche à suivre pour le soulager.
Il demande une expulsion, alors à vous de jouer : jetez rapidement et fermement le tabac, sortez-le

de votre maison, de vos pensées, de vos habits, de vos tiroirs, mais pas à contrecœur, avec au contraire la joie au cœur. Vous pouvez décider de tout jeter aujourd'hui, mais vous pouvez également attendre quelques jours, le temps de ressentir que vous êtes passé d'un objet qui rassure à un objet qui inquiète.

Chaque fois que vous tousserez ou que vous entendrez quelqu'un tousser, vous penserez : « Le corps me montre le problème et la façon de le résoudre. »

La diversité des personnalités

Le rôle de l'hypnose par la lecture est d'amplifier les systèmes de défense d'une personne qui présente un problème de santé et qui décide de le résoudre au travers de son corps hypnotisé, ouvert au changement. C'est la clarté de cette demande qui importe.

Il existe plusieurs méthodes de traitement du tabagisme. Parce beaucoup d'anciens fumeurs affirment avoir recouru à l'hypnose et que seul ce traitement a été efficace pour eux, il paraît justifié d'examiner cette approche thérapeutique et d'en dégager le contenu et son mode d'utilisation.

Le but de ce livre n'est pas de convaincre les fumeurs de recourir à l'hypnose. La demande et la personnalité de chacun sont tellement variées qu'il n'existe pas une approche commune qui convienne à tous. Certains fumeurs voudront d'abord comprendre les raisons qui les ont conduits à fumer, d'autres préféreront une approche pharmacologique. Cette diversité des approches et des caractères pose les limites de chaque thérapie.

L'objectif en hypnothérapie, dit Erickson, n'est pas d'éclaircir des conceptions sur le plan intellectuel, mais que le patient atteigne les buts qu'il s'est fixés.

Cette formulation est claire. Elle donne le ton en termes de démarche thérapeutique.

Il peut être nécessaire d'informer, voire de terroriser une population qui fume en passant en revue les méfaits du tabac[1]. Bon nombre de personnes affirment avoir arrêté après avoir été mises en garde par leur médecin ou après la découverte d'un polype sur leurs cordes vocales.

Mais pour la majorité d'entre vous, vous avez déjà intégré dans votre décision ces notions de risques et de souffrance corporelle, il est alors préférable de passer rapidement aux étapes suivantes. Il n'y a aucun bénéfice à fumer. Le corps nous l'indique au quotidien : le tabac n'apporte que de la souffrance, **une souffrance maquillée en plaisir**. Le but de ces chapitres est de tenir compte de votre demande, de vos apprentissages et de vos différentes personnalités, puis de vous amener à une réorga-

---

1. Voir chap. 6 : « La peur donne des ailes… parfois ».

nisation de votre espace et de vos conceptions de telle manière que vous en tiriez une satisfaction personnelle.

Il y a une certitude concernant les ressources dont disposent les fumeurs pour guérir. La totalité de ce groupe a fait l'expérience pendant l'enfance de vivre sans le tabac. Ce savoir physiologique a été mémorisé et a fait l'objet d'un vécu indéniable.

Il n'y a cependant pas de certitude concernant l'aptitude pour un être à retrouver ce savoir.

L'hypnose médicale, comme toute thérapie, ne peut s'appliquer qu'à des personnes sincères qui veulent bien porter une attention soigneuse à ce qui est écrit dans ce livre. Elles ont déjà retrouvé le chemin de ce savoir. Je vous confirme que votre idée est bonne et vous pouvez faire l'expérience de lire ces paragraphes pour accomplir ce que votre corps vous réclame depuis longtemps.

14 Le manque du tabac

Notre corps calme le manque

Lorsqu'une personne arrête de fumer, il peut s'ensuivre toute une série de troubles qui parfois la conduisent à l'échec.

Le fumeur vit un certain équilibre que d'aucuns décrivent comme un déséquilibre, puisque tous les jours des fumeurs tombent d'épuisement d'une position de déséquilibre impossible à tenir. En France, il en tombe plus de 60 000 par an.

Le fait d'arrêter de fumer provoque de nombreuses modifications dans la gestuelle, dans les rites, dans la façon de penser et de réagir, et il faut du temps à un ex-fumeur pour trouver un nouvel équilibre, meilleur que le précédent.

Le tabac est une drogue.

La cessation brutale du tabagisme peut induire un syndrome de manque comportant de la nervosité, de l'anxiété, de l'irritabilité, de la boulimie, des éléments dépressifs avec tristesse, larmes et sensation « d'avoir perdu une amie ». Mais également de la constipation, de l'insomnie, de la fatigue, des troubles de la concentration, de la somnolence diurne qui peuvent durer de quelques jours à quelques mois selon les personnes.

Pour corriger les troubles secondaires au sevrage, le corps humain dispose de nombreux systèmes de défense hormonaux, physiologiques.

Nous ne savons pas très précisément comment le corps règle le problème du manque.

Nous pourrons avoir quelques réponses en observant et en interrogeant la population des sevrés récents du tabac.

Un certain nombre, en général des gros fumeurs, disent présenter dans les jours qui suivent le sevrage des troubles de la concentration intellectuelle (difficulté à former des idées) assortis de somnolence, d'envies de sieste et de fatigue. Leurs nuits sont longues, contrastant parfois avec une nervosité diurne. Ce tableau évoque **une action morphinique**.

Le manque du tabac est un manque viscéral douloureux. Une des actions possibles pour le corps serait de calmer ce manque en sécrétant ou en activant ses sites cérébraux récepteurs aux endorphines, provoquant un soulagement de type morphinique. L'ex-fumeur serait « shooté » à sa propre morphine (enképhalines, endomorphines). C'est le tableau clinique que l'on observe très fréquemment chez les « gros » fumeurs en sevrage.

Je me souviens d'un homme de 40 ans qui, trois mois après son arrêt du tabac, ressentait encore cette grande fatigue et somnolence diurne. Il consulta plusieurs médecins qui, ignorant son sevrage récent, portèrent un regard très inquiet sur ses symptômes, déclenchant une batterie d'examens qui se révélèrent tous normaux. Ce ralentissement psychomoteur est probablement dû à des mécanismes internes du fumeur qui doit calmer le manque avec ses endorphines et créer ainsi **son propre traitement substitutif**. Cette hypothèse demande à être vérifiée biologiquement.

Il est de coutume de donner de la vitamine C aux sevrés pour lutter contre ce syndrome asthénique et cette perte de vigilance des premiers jours.

Cette supposée action morphinique peut expliquer également dans certains cas l'apparition d'une constipation causée par les opiacés du corps.

Toutefois, un certain nombre de personnes vivent très bien cette compensation qui calme avec efficacité une anxiété qu'elles redoutaient.

Nous pouvons remarquer que ce syndrome est d'autant plus marqué que les doses de tabac consommées étaient fortes, comme si cela nécessitait une action morphinique interne plus intense.

Nous pouvons également supposer que l'action du corps pour supporter le manque ne s'arrête pas là. Devant la tristesse, l'anxiété, l'obsession, il est normal d'évoquer la possibilité pour le corps de réagir hormonalement par ses propres systèmes sérotoninergiques, dopaminergiques, ainsi que de nombreux autres qui servent à rétablir un équilibre dans un corps déstabilisé en quête de mieux-être.

Lorsqu'une personne, forte consommatrice de tabac, déclare avoir arrêté facilement de fumer, seule ou avec l'hypnose, sans avoir souffert de manque, il nous faut bien attribuer au corps une action de substitution qui a calmé l'ensemble des symptômes traditionnels du « drogué en manque ».

Le traitement optimal du manque

Nous pouvons observer que l'ensemble des fumeurs en cure de désintoxication tabagique ne présente pas le tableau idéal du sevrage réussi, c'est-à-dire sans souffrance.

Alors se posent les questions essentielles.

Pourquoi une personne qui fumait quatre à cinq cigarettes par jour a-t-elle parfois plus de difficulté à s'arrêter qu'une personne qui consommait trois paquets par jour ?

Pourquoi est-il plus facile de désintoxiquer une personne plutôt qu'une autre ?

Pourquoi les tests prédictifs qui restent valables statistiquement ne sont-ils d'aucun intérêt pour la personne que l'on a en face de soi et qui est capable de déjouer tous les pronostics ?

Pourquoi une personne qui veut s'arrêter pour faire plaisir à son conjoint ou à son patron échoue-t-elle habituellement ?

Pourquoi les systèmes de défense de l'organisme qui sont capables de supprimer totalement le manque de tabac, ce que nous observons cliniquement et sans adjonction d'aucune drogue, ne fonctionnent-ils pas de manière automatique et reproductible ?

C'est l'hypnose et les fumeurs qui peuvent avancer des réponses à toutes ces questions.

M. B., 45 ans, imprimeur, vient consulter pour arrêter de fumer. Il me dit que, habituellement, il parvient seul à cesser de fumer pendant plusieurs mois voire plusieurs années, sans aucune aide.

Je lui demande aussitôt comment il procède pour réussir. Il décrit volontiers sa technique personnelle au petit groupe des trois candidats au sevrage réunis ce jour-là.

« Il faut, nous dit-il, que je reste discret. Si j'en parle à tout le monde comme d'une grande résolution, j'échoue. Alors je ne dis rien à personne, je me dis que je fumerai tout à l'heure si j'en ai envie, le temps passe et je recule le moment d'en prendre, et d'heure en heure, puis de jour en jour, mine de rien, les gestes se défont, le tabac s'éloigne et j'ai arrêté de fumer ! Mais voilà, ajoute-t-il, je n'arrive plus à retrouver cette façon de faire. » Je lui dis : « L'hypnose que nous allons pratiquer sert exactement à installer à nouveau cette disposition qui vous a déjà permis de vous séparer si facilement du tabac avec le projet aujourd'hui de vous en éloigner davantage pour que vous ne soyez plus tenté d'y retourner. »

Ce témoignage me permet d'attirer votre attention sur la façon de réussir, qui n'est donc pas le résultat d'un effort mais bien davantage **d'un art du détachement**.

« L'art véritable, dit le maître zen à un tireur à l'arc, est sans but, sans intention. Plus obstinément vous persévérerez à vouloir apprendre à lâcher la flèche en vue d'atteindre sûrement un objectif, moins vous y réussirez, plus le but s'éloignera de vous. Ce qui pour vous est un obstacle, c'est votre volonté trop tendue vers une fin[1]. »

Paradoxalement, plus une personne met d'énergie et de volonté à réussir, plus il y a lieu d'être inquiet sur le sevrage qui ne peut être obtenu dans un contexte de pression et d'obligation de résultat.

De nombreux fumeurs se décident à arrêter après un accident de santé. Le tabac a tant bouché leurs artères qu'il s'en est suivi un infarctus, une artérite. D'autres ont présenté une bronchite grave, ou encore ont un cancer de la gorge ; d'autres attendent un heureux événement. Curieusement, ces situations ne sont pas garantes d'un sevrage facile. Il y a trop d'attente de la part des médecins, de l'entourage amical et familial, ou trop de pression sociale. Plus le candidat est tendu vers le but avec obligation ou contrainte, plus il est désinvesti de son objectif.

---

1. E. Herrigel, *Le Zen dans l'art chevaleresque du tir à l'arc*, Paris, Dervy, 1997.

« Dans la rue, les passants regardent mon ventre de sept mois de grossesse puis me regardent fumer avec un air de reproche, je ne supporte pas leur regard effrayé ou moralisateur. Cela ne m'aide pas à arrêter. »

Tentez de répondre à ces questions sans lire plus avant :

– Comment être orienté vers un but sans manifester de la volonté ?

– Comment réussir à atteindre son but sans intention ?

– Comment s'intéresser sans s'intéresser ?

Réponse : le plaisir

Le fumeur doit envisager son traitement comme une progression. Si l'objectif ne peut être atteint immédiatement, il y aura des étapes intermédiaires. Nous sortons ainsi de l'obligation de résultat qui focalisait l'attention du fumeur et le rendait encore plus obsessionnel à l'égard du tabac, pour la déplacer vers des solutions possibles.

Michèle, 38 ans, avocate, qui veut faire une deuxième séance d'hypnose pour renforcer sa position, nous donne la réponse : « Très vite, dès les premiers jours du sevrage, je me suis sentie fière de réussir, je me voyais au milieu des autres dans une totale indifférence à leur tabac et cette sécurité était très gratifiante. »

Pour atteindre l'objectif plus sûrement, pour ne pas trembler quand l'arc est tendu, pour trouver de l'assurance dans ce que l'on entreprend, il faut le plaisir. Seul le plaisir de tirer à l'arc, le plaisir de jouer, le plaisir de se débarrasser d'une souffrance, le plaisir de trouver un meilleur équilibre peut nous conduire au succès.

Le plaisir est dans le geste. Le plaisir trouvé à ne pas fumer doit être supérieur au plaisir de fumer, sans quoi il y aurait une privation, une frustration insupportables.

Nous pouvons affirmer qu'il n'y a aucun mérite à arrêter de fumer puisque **le plaisir ressenti est plus fort que le précédent**. Gardez vos compliments, les nouveaux sevrés ont trouvé mieux.

Il reste toutefois le mérite d'avoir bien voulu remettre en cause une situation de passivité.

Assurez-vous que votre décision n'est pas entachée de pensées telles que :

– C'est pour faire plaisir à mon patron qui m'a payé la séance.

– C'est pour mon mari.

– C'est pour mes enfants.

Assurez-vous que le plaisir est d'abord pour vous, mais pas en théorie, qu'il est pour vous et ressenti physiquement comme une jubilation à résoudre un problème ou, comme le décrit le maître archer, **dans un détachement total du but à atteindre**.

Si vous éprouvez des difficultés à trouver ces sensations, mettez-vous en autohypnose pour bien visualiser et lisez, relisez ces pages jusqu'à ce que le plaisir de guérir vous apparaisse intense et pressant.

Ce n'est que dans ces conditions qui ne sont pas le résultat d'un effort que le corps fera bien son travail de substitution et pourra calmer le manque avec beaucoup d'efficacité et de facilité.

Une fausse dépression

Environ 8 % des fumeurs présentent des signes de dépression[2] à l'arrêt du tabac. Ce sont plus fréquemment des femmes d'après mon expérience. Dès les premiers jours du sevrage ou plus tardivement, elles ont envie de pleurer sans cause précise, des montées de tristesse avec parfois des éléments obsessionnels et une humeur irritable. Ces symptômes sont parfois tellement prononcés qu'ils peuvent pousser l'ex-fumeur à rechuter. Si l'on attend quelques jours, les signes dépressifs peuvent s'estomper et disparaître. S'ils persistent, il y a la possibilité de prendre pendant quelques jours ou semaines des petites doses d'un antidépresseur prescrit par son médecin. Si vous avez la patience d'attendre, sachez qu'il ne

---

2. Nous ne parlons pas ici des personnes souffrant de dépression chronique ou récemment guérie chez qui le sevrage brutal du tabac s'accompagne classiquement d'une recrudescence ou d'une rechute de la dépression que l'hypnose seule ne peut traiter. Ces personnes sont difficiles à sevrer et doivent bénéficier d'une approche pharmacologique parallèlement à laquelle l'hypnose peut trouver sa place.

s'agit pas d'une vraie dépression mais de la privation brutale des substances chimiques contenues dans la cigarette. Si vous sentez que les symptômes ne sont pas trop intenses, vous pouvez pratiquer une séance d'autohypnose à l'aide des indications contenues dans ce livre ou consulter un praticien hypnothérapeute qui continuera avec vous à défaire les derniers liens chimiques et mentaux qui persistent. Le temps finit toujours par atténuer ces symptômes pénibles en mettant en avant **les premiers éléments gratifiants** observés pendant cette convalescence.

Toutefois, il ne faut pas vous entêter si votre sevrage vous paraît impossible. La période que vous avez choisie peut ne pas convenir à cause d'autres soucis qui accaparent votre énergie. Il est possible également qu'il vous faille une autre technique pour vous accompagner dans cette entreprise, ou un thérapeute en chair et en os qui vous prodigue conseils et médicaments. Nous avons vu que l'autohypnose est présente dans toutes les thérapies. Elle permet de faire face au changement et de modifier la nature des liens au tabac. Mais un certain nombre de personnes ont besoin du support d'une prescription médicamenteuse pour ensuite faire ce travail d'autohypnose sans le secours d'aucun guide hypnothérapeute, avec leur seule intuition.

Erickson le dit, l'important n'est pas de faire valoir une thérapie aux dépens d'une autre, mais de proposer à chaque fumeur ce qui peut réellement l'aider à guérir.

La nervosité, l'irritabilité

L'arrêt brutal du tabac peut déstabiliser une personne et provoquer de la nervosité et une susceptibilité excessive. Dites-vous bien que vous êtes passé de la soumission à la rébellion ! Et que cela vaut bien quelques mouvements d'humeur !

Vous êtes en train de guérir d'une grave maladie ; votre entourage et vous-même devez avoir de la patience et de l'indulgence pour laisser à votre corps le temps de réguler ces impulsions nerveuses.

À part le temps qui passe, il y a d'autres moyens de calmer ce stress.

Le sport est un bon exutoire qui fait **augmenter la sécrétion d'endorphines** qui contribuent à calmer le manque. Nombreux sont les fumeurs qui se sont lancés dès le lendemain de leur sevrage dans l'aviron, la course à pied, la natation et reconnaissent que cette activité a grandement contribué à leur réussite. Et vous, quels exercices physiques modérés pourriez-vous pratiquer rapidement ?

L'autohypnose pratiquée dans un but de relaxation atténue également ces symptômes gênants.

Les anxiolytiques sont parfois prescrits pour le tabagisme. Cette maladie peut nécessiter une prise en charge médicale avertie pour se donner toutes les chances d'en guérir. Suivant votre passé médical, il n'est pas exclu de compléter l'hypnothérapie par une prescription de médicaments contre l'anxiété pour une période brève. Pour cela, il vous faut voir votre médecin traitant qui pourra vous prescrire pour quelques jours un anxiolytique à faibles doses.

L'autohypnose pour s'apaiser

Une à dix fois par jour, si vous présentez trop de nervosité ou si vous avez des doutes concernant votre décision, faites de l'autohypnose selon votre propre inspiration ou selon ce déroulement qui vous est proposé.

Commencez par des séances courtes qui sont plus faciles à pratiquer.

Après vous être assis ou allongé, les yeux ouverts ou fermés, portez maintenant attention à votre corps.

Exercice
Durée : 3 minutes

La pesanteur (1 minute)
Passez en revue votre corps de la tête aux pieds et remarquez où la sensation de poids apparaît en premier dans vos bras ou dans vos jambes. À quoi ressemble cette sensation, pourriez-vous la décrire ? Est-ce comme du plomb ou du marbre ?

L'engourdissement (1 minute)
Continuez à observer tout votre corps et notez les zones qui deviennent cotonneuses, à moins qu'elles ne soient plutôt confuses. Où l'engourdissement apparaît-il en premier ? Comment décririez-vous cet engourdissement ?

La légèreté (1 minute)
Après une à deux séances d'autohypnose, il vous sera facile de ressentir de la légèreté dans vos membres. Localisez et décrivez cette sensation. Est-ce une sensation stable ou éphémère ? Comme des ballons qui vous portent ? ou comme de la vapeur ?

Finissez cette séance d'autohypnose en vous étirant avec une grande respiration profonde.

Exercice : Ne rien faire[3]

Durée : 1 minute

Pendant une minute, il vous est demandé de ne rien faire. Vérifiez seulement que votre posture est confortable. Ne tentez pas d'agir ou de penser… ne tentez rien et attendez que la minute s'écoule dans l'ennui total.

3. Cet exercice, emprunté à Gaston Brosseau, hypnothérapeute à Montréal, fait partie d'un recueil d'articles publiés dans J.M. Benhaiem, *Aujourd'hui l'hypnose*, Paris, In press, 2005.

15
Les techniques adjuvantes

En dehors de l'hypnose exposée dans ce livre, d'autres approches sont proposées pour faciliter l'arrêt du tabac. Il m'est souvent demandé si les timbres ou les gommes à la nicotine ou l'acupuncture peuvent être ajoutés à l'hypnothérapie.

La réponse ne peut être qu'individuelle. Examinons ensemble les différentes situations.

Les fumeurs qui désirent recourir à l'hypnose ont déjà parcouru un chemin considérable comparés à ceux qui ne sont pas prêts ou qui s'en remettent à un médicament. Ils ont retrouvé confiance dans leur corps et dans ses possibilités d'assurer le sevrage. Mais parmi eux, certains désirent associer plusieurs aides pharmacologiques. Trop de demandes d'aide peuvent évidemment trahir une faible confiance en soi risquant d'engendrer un manque d'investissement personnel ; or celui-ci reste la clé du succès. C'est le corps qui accomplit le sevrage, ce n'est ni un timbre ni quelque autre médicament. Le corps doit calmer le manque, se voir dans d'autres gestes, calmer le stress avec d'autres rituels, modifier sa relation à la convivialité et opérer une quantité infinie d'autres changements, alors que les médicaments n'aident que sur un seul élément, et encore imparfaitement. Les traitements actuels de l'intoxication tabagique ont besoin du préalable de l'autohypnose pratiquée par le fumeur pour se faire accepter et le servir utilement. C'est le fumeur qui décide que ce traitement lui sera favorable et non l'inverse.

Les substituts nicotiniques : timbres, gommes et inhalateurs

Les fumeurs peuvent souhaiter faciliter leur sevrage en se mettant dans des conditions favorables. Si le timbre nicotiné est perçu comme l'essentiel de la thérapie, l'échec va se présenter dès l'interruption de la pose du timbre, voire pendant sa pose. Si le timbre est utilisé comme une étape, comme la marque d'une décision, une aide ponctuelle qui sécurise, alors le succès est programmé.

Vous pouvez utiliser l'hypnose par la lecture de ces lignes en visualisant les autres aides au sevrage comme des encouragements, des compléments, des accompagnements à votre guérison.

Certaines personnes m'assurent que les timbres à la nicotine, en utilisation occasionnelle, les ont vraiment aidées. Avant une soirée, avant une fête qui risquait d'être trop « arrosée », elles se sont collé un timbre pour quelques heures et se sont senties plus en sécurité, dans l'impossibilité de fumer. Vous pouvez donc recourir au timbre une à deux fois par semaine pour contourner une situation à risque.

La gomme à la nicotine peut également aider le fumeur à se détacher du tabac. La consommation doit en rester mesurée et être rapidement interrompue (après dix à quinze jours), cette pratique engendrant une forte dépendance. Certains fumeurs basculent dans **une intoxication chronique à la gomme** et en absorbent vingt à quarante par jour – ils ont remplacé un rituel par un autre.

Pour les autres, les plus nombreux d'entre vous, vous décidez que, puisque c'est le corps qui fait le travail de désintoxication physique et mental, autant ne rien utiliser d'autre pour que le mérite lui en revienne totalement. Votre désir est d'être vraiment libre, lavé de toute substance chimique, et cela devient incompatible avec la moindre prescription. Il faut parfois se méfier des attitudes radicales qui ne sont pas des gages de réussite, contrairement aux apparences. Trop d'exigence peut mener à l'échec. La recherche de la perfection peut installer une pression qui induit un stress qu'il faut calmer… avec la cigarette.

Accordez-vous la possibilité de faire des étapes dans votre sevrage et laissez-vous le temps de couper méthodiquement tous les liens au tabac.

La phytothérapie, l'homéopathie

Il existe en pharmacie quelques compositions à base de valériane ou de jusquiame qui ont un effet sédatif et permettent d'atténuer une éventuelle nervosité ou des troubles du sommeil. Pour les adeptes de l'homéopathie, la prise de Tabaccum ou d'Ignatia conseillée par votre pharmacien peut également calmer quelques envies subites de fumer.

L'acupuncture

Il est probable que le mode d'action de l'acupuncture repose en partie sur une activation de nos mécanismes de contrôle de la douleur incluant les sécrétions d'endorphines. C'est dans le domaine de la douleur que l'acupuncture a le plus fait ses preuves. Les symptômes à calmer étant l'anxiété et la douleur du manque, nous ne sommes guère étonnés que l'acupuncture puisse jouer un rôle pour diminuer les effets secondaires du sevrage du tabac.

Vous pouvez y recourir si vous ressentez le besoin d'un suivi et d'une aide non pharmacologique.

L'hypnose

En plus de la lecture de ce livre, vous pouvez choisir d'être guidé par la voix d'un thérapeute qui vous accompagne dans vos exercices d'hypnose. Allez voir un hypnothérapeute médecin ou psychologue diplômé d'État et demandez-lui de vous aider à renforcer votre décision ou à vous faciliter le détachement.

Dans le centre d'hypnose médicale – Hypnosis[1] – où je travaille, nous recevons de nombreux patients qui veulent en finir avec le tabac. Ils préfèrent être guidés directement par un hypnothérapeute.

Après un entretien individuel, les patients rejoignent un mini-groupe de deux à quatre personnes pour la séance d'hypnose. Les exercices d'hypnose qui sont alors proposés sont ceux contenus dans ce livre. La séance dure une heure. Un suivi est assuré. Si, après quelques jours, la personne ressent encore des envies trop fortes de fumer, des séances de soutien sont pratiquées en urgence pour finir de couper les derniers liens avec le tabac. Les séances porteront sur les points de blocage qui sont apparus et qui gênaient le détachement.

1. Ce centre est spécialisé dans la pratique de l'hypnose. Il existe depuis 1980 et regroupe plusieurs hypnothérapeutes qui traitent addictions, douleurs chroniques, dépressions, phobies et troubles somatiques. Consultez son site : hypnosis.fr

Le but à atteindre étant la réussite de votre désintoxication, toute attitude dogmatique ne pourrait qu'entraver votre chemin. S'il vous paraît essentiel, pour vous, personnellement, d'accompagner votre sevrage par telle ou telle aide qui renforce votre élan et facilite votre visualisation de « lendemains qui chantent », n'hésitez pas à y recourir.

16
Les exercices d'hypnose pour guérir

Fumeurs, e ! Ces exercices vous sont proposés pour faciliter votre détachement et vous permettre de rompre définitivement avec le tabac.

Impossible de savoir à l'avance lequel de ces exercices va être décisif pour vous. Le plus simple est de les faire un à un suivant votre disponibilité.

Prenez place dans un siège confortable ou sur un canapé.

Si la lecture des chapitres précédents vous a paru insuffisante, si devant l'échéance nécessaire et choisie du sevrage, la peur, la panique et l'incrédulité s'emparent de vous, si vous ressentez autour de votre décision un contexte de contrainte, faites librement les exercices qui vont suivre pour reprendre à votre propre compte la dynamique du sevrage.

À ce stade du livre, vous savez facilement évoquer le tabac et entrer dans l'état hypnotique. Il est même probable que ce savoir concernant l'acte de résoudre votre tabagisme par l'hypnose se soit installé depuis plusieurs mois, depuis que vous avez décidé d'y recourir pour arrêter de fumer. Cet état d'hypnose qui n'affecte qu'une partie de votre pensée se poursuit dans l'attente d'une rupture totale. L'hypnose de la lecture a renforcé votre disponibilité et votre capacité au changement.

Installez-vous confortablement. Prenez votre temps pour vous installer vraiment confortablement.

Le principe ne consiste pas à tenter de vous convaincre verbalement d'expulser le tabac, ni à utiliser la raison pour vous y amener. Le principe est de faire l'expérience avec votre corps ici présent de l'agréable et du pénible.

Les exercices hypnotiques n'ont pas pour objectif de vous endormir, mais d'**éveiller vos systèmes de défense**. Je considère que vous avez été agressé par une plante toxique. Votre méfiance a été endormie par des procédés malveillants à votre égard. Il vous faut maintenant vous réveiller et vous défendre.

Premier exercice d'équilibre

Durée : 1 minute

Je vous demande à nouveau de vous assurer que la position trouvée est ressentie comme réellement confortable. Prenez votre temps pour le vérifier. Confortable ne signifie pas être prêt à dormir. Ne cherchez pas non plus un confort parfait. Interrogez vos épaules, vos bras, vos jambes, et mettez-y de la tranquillité.

Cet exercice métaphorique sert à faire un parallèle avec la situation du fumeur qui est jugée inconfortable et qui est en recherche d'un meilleur confort sur terre.

Le fumeur est comparé à une personne qui se tiendrait en équilibre debout sur un pied. Cette position est ressentie comme fatigante à la longue. L'équilibre est précaire, un rien peut déstabiliser l'individu et le faire chuter. Ces images décrivent la réalité qui voit les fumeurs se fatiguer avant l'âge et chuter régulièrement. Il en chute plus de 60 000 par an en France.

En trouvant une bonne position sur votre siège, vous manifestez avec votre corps votre décision de changement.

Deuxième exercice d'équilibre

Durée : 3 minutes

Changement de position : Mettez-vous debout !

Penchez le haut de votre corps vers votre droite de telle manière que vous ressentiez presque du déséquilibre. Dans cette posture, votre tête est penchée, vos épaules sont inclinées et le poids du corps est décalé sur la jambe droite.

Tenue une à deux minutes, cette position devient réellement inconfortable. Vous vivez en accéléré et en condensé la situation que tous les fumeurs vivent au quotidien pendant une trop longue partie de leur vie. Votre corps se fatigue, se contracte puis devient douloureux. La tête inclinée vous fait voir le monde de travers comme les fumeurs qui nomment plaisir ce qui est une souffrance. Vous avez très envie de vous redresser. Attendez de ressentir de vraies douleurs musculaires dans votre dos ou vos jambes. Mais ne faites pas durer cet inconfort plus longtemps. Redressez-vous ! en prenant une belle position bien campée sur vos deux jambes, le poids du corps bien réparti pour assurer une solidité, une stabilité. Puis comparez avant et après pour trouver du plaisir à ce nouvel équilibre. Vous étiez dans une mauvaise posture et vous avez bien voulu la rectifier et en ressentir du plaisir.

Cet exercice n'est pas proposé pour donner à réfléchir. Il doit simplement être fait tel qu'il est sans interprétation intellectuelle particulière.

La respiration

Vous pouvez vous asseoir à nouveau pour pratiquer cet autre exercice.

Exercice à pratiquer trois fois

Durée : 2 minutes

Expirez tout l'air contenu dans vos poumons puis bloquez votre respiration quelques instants. Attendez que cela vous devienne désagréable de manquer d'air. Au début, vous aurez l'impression de pouvoir réellement attendre longtemps, mais assez vite cela devient pénible et il vous faut inspirer instamment. Lorsque l'air revient dans vos poumons, observez comme cette sensation est agréable. Quand l'air revient dans vos poumons, c'est la vie qui revient en vous.

L'exercice consiste à bien ressentir le contraste entre la sensation douloureuse de manquer d'air et l'intense soulagement lorsque l'air est à nouveau inspiré. C'est donc bien l'air qui est adapté à nos poumons.

Les raisons de cet exercice se passent de commentaire supplémentaire.

Le détachement

Il s'agit certainement de l'exercice le plus important mais également du plus facile.

Exercice
Durée : 1 minute

Je vous propose de vous installer confortablement. Choisissez un muscle ou un groupe de muscles ou une articulation comme les doigts ou la cheville et faites l'exercice de relâcher ces muscles, ces tendons. Ne cherchez pas à relâcher tout le corps. Une petite partie est suffisante. Prenez votre temps. Selon votre préférence, cela pourra être vos jambes, votre ventre ou vos mâchoires ou ce que vous pouvez.
Ainsi vous vivez physiquement la sensation de relâcher. Le corps comprend que vous êtes en train de vous défaire de ce qui vous a blessé. L'intérêt de l'hypnose est de sortir de l'intention, de la bonne résolution, et de mettre en application avec tout son être la décision du détachement. Vous êtes en train d'en faire l'expérience. Vous n'avez pas supporté de vous être attaché à des éléments toxiques et vous voulez bien vous prêter à ces expériences de détachement. Observez votre

corps et la manière dont vous percevez le relâchement de quelques zones corporelles.
Il ne s'agit pas de tout relâcher, ce n'est pas de relaxation qu'il est question. Vous pouvez remarquer que de nombreux secteurs corporels sont contractés. Si vous avez accepté l'exercice du détachement, c'est parce que vous avez par ailleurs de nombreux liens solides avec la vie que vous tenez fermement. Vous relâchez des plantes mortelles pour libérer de l'espace dans votre corps et laisser de la disponibilité pour accueillir tout ce qui peut se présenter d'agréable et de vivant.

L'engourdissement (suite)

Exercice

Durée : 1 minute

Observez bien les zones que vous avez pu relâcher. Certaines vous paraissent engourdies. L'immobilité et le relâchement les ont rendues confuses comme du coton. Vous avez simplement porté attention à une des possibilités que votre corps vous propose. Votre corps vous montre qu'il peut pratiquer l'engourdissement comme système de défense. Il peut si vous le souhaitez mettre de l'« oubli », de la confusion, du brouillard sur les gestes, les noms et l'ensemble du monde du fumeur, comme on finit par oublier un cauchemar. Votre corps sait anesthésier vos jambes ou vos bras ; il peut gommer, effacer quelques-unes de vos mésaventures. Il ne s'agit pas d'un oubli où vous ne vous souvenez de rien, mais d'un oubli parce que vous y pensez de moins en moins.

La déception

Exercice

Durée : 30 secondes

Cet engourdissement peut être coloré de déception ou de lassitude.

Mettez-vous dans cet état d'esprit. Attendez le temps qu'il faudra pour bien ressentir le sentiment de déception dans votre corps. Vous avez réellement espéré que cette substance pourrait vous aider à calmer le stress, l'ennui, l'anxiété ou votre timidité, et finalement vous lui avez demandé ce qu'elle ne pouvait vous donner. Vous êtes un déçu du tabac.

L'indifférence

L'indifférence fait partie de nos systèmes de défense. Nous avons appris très tôt à mettre un masque d'indifférence sur notre visage pour ne pas nous lier à des éléments extérieurs ou à des personnes. Devant une conversation qui nous ennuie, lorsque nous croisons dans la rue une personne désagréable qui pourrait nous nuire, nous refusons l'affrontement et nous nous détournons avec de l'indifférence. Il faut éviter la haine ou le conflit. Face au tabac, nous ne faisons pas le poids, nous perdrons toujours. Il ne faut pas s'affronter à plus fort que soi. Le tabac est une plante vénéneuse qui détruit tous ceux qui s'y intéressent.

Exercice

Durée : 1 minute

Mettez de l'indifférence sur votre visage. Vérifiez que votre expression est calme et tranquille. Vérifiez votre front, vos sourcils, vos mâchoires pour qu'ils traduisent bien le détachement. Cela ne suffit pas de prendre une bonne décision, il faut la vivre dans le corps. Mettez dans votre expression corporelle de l'indifférence, vivez physiquement cette sensation d'être absorbé ailleurs. Cela signifie

que vous refusez le conflit avec le tabac, vous préférez vous en écarter, le contourner et poursuivre votre chemin. C'est comme changer de trottoir pour éviter une personne malveillante. Les petites filles sont entraînées très tôt à ces exercices qui consistent à ne pas soutenir le regard d'un inconnu. Elles se savent fragiles et refusent de donner prise à des sollicitations malsaines. Pareillement, tous les humains doivent sentir leur vulnérabilité face aux sollicitations des firmes du tabac et doivent comme les petites filles éduquées dans la méfiance se tenir à distance avec une froideur calculée.

La nausée, le dégoût

Vous ne savez pas à l'avance ce que votre corps voudra utiliser comme système de défense. Il est possible qu'il ait besoin du dégoût. Cela dépendra des circonstances. Il est donc bon que vous soyez entraîné à éprouver cette sensation que vous avez perçue de temps à autre.

Beaucoup de fumeurs affirment que la raison de leur sevrage réside dans ce dégoût et dans l'impression que leur « bouche est comme un cendrier ».

Il ne s'agit pas de créer une nouvelle sensation de toutes pièces mais de retrouver un dégoût que vous avez sans doute ressenti à votre première cigarette ou le lendemain d'une soirée très enfumée.

Exercice
Durée : 1 à 2 minutes

Mettez votre regard dans le vague et attendez quelques secondes que vienne l'état hypnotique. Assez rapidement, votre attention s'assortit d'une impression de flottement. Maintenant, portez attention à votre bouche. Utilisez la présence de quelques poussières du tabac qui persistent dans votre langue, vos gencives, votre estomac, et faites venir une sensation de bouche pâteuse, de bouche amère. Avalez votre salive une à deux fois et faites venir dans votre œsophage ou plus bas une nausée, une envie de vomir liée au tabac. Prenez votre temps pour simplement observer une nausée qui existe en permanence chez les fumeurs.

Il reste sans doute quelques déchets de nicotine dans les fosses nasales, utilisez-les pour faire venir la sensation d'étouffer et d'être incommodé par l'odeur présente dans vos narines comme dans un cendrier rempli de mégots refroidis.

Votre corps utilisera suivant les circonstances une ou plusieurs des sensations que vous avez bien voulu expérimenter.

L'allergie (suite)

Notre corps est allergique au tabac. Tous les symptômes observés, à savoir l'artérite, le vieillissement de la peau, la bronchite chronique, sont des manifestations de cette allergie.

Exercice
Durée : 1 minute

Ressentez votre corps dans le détail, bras, jambes, peau, cheveux, et visualisez comment vous vous représentez une allergie. Est-ce quelque chose qui vous irrite ou qui vous fait tousser ou éternuer, ou vous déclenche des brûlures ou des démangeaisons ? Puis assimilez le tabac à ces incompatibilités viscérales. Et enfin, comment y répondez-vous ? Par l'envie de laver votre peau, vos cheveux, vos poumons ? Ou par un évitement de l'allergène ou l'envie de laver vos rideaux, vos coussins, vos vêtements ? Visualisez la sensation d'allergie et la réaction que cela suscite en vous.
Vous pouvez également ressentir du soulagement lorsque le tabac s'éloigne physiquement. Dès qu'il sort de votre espace, dès qu'il est hors de votre portée, vous vous sentez à l'abri, hors de danger.

Visualisez et imaginez le contraste entre la proximité qui vous « donne des boutons », du malaise, et l'éloignement qui vous apaise rapidement.

Pourquoi tu tousses ?

Examinons à nouveau le phénomène de la toux.

Lorsqu'il vous arrive de tousser ou d'entendre une personne tousser, arrêtez-vous un instant sur ce symptôme. Il s'agit pour l'organisme d'expulser des poussières, des microbes et des sécrétions qui encombrent les bronches. L'objectif est de dégager les conduits pour laisser le passage libre à l'air qui doit atteindre le fin fond des bronches. Par la toux, le corps nous explique ce qu'il demande et la manière d'y accéder. Il vous propose une expulsion brutale. En effet, une petite toux timide et retenue sera inefficace pour libérer les poumons. La toux doit être brusque comme votre manière de procéder avec le tabac, une éradication ferme. Dès que l'on est proche de son corps, il devient facile de le lire et de se laisser guider par son comportement.

Désormais, à chaque quinte de toux dont vous êtes le spectateur ou l'acteur, vous penserez : « Le corps est en train de se débattre pour vivre, il vient de m'indiquer la marche à suivre pour rester en vie : l'expulsion brutale de ce qui l'encombre. » À vous de jouer !

Visualiser son avenir sans tabac

Un des critères qui nous rendent optimistes sur le succès du sevrage réside dans la possibilité de visualiser son avenir sans le tabac. En pouvant imaginer les jours à venir sans le tabac, vous réalisez une anticipation qui incite le corps à construire d'autres comportements.

Exercice
Durée : 2 à 3 minutes

Après vous être installé confortablement, fermez les yeux et laissez venir des images de vous dans le quotidien. Visualisez votre espace de vie, à la maison, au travail, vos gestes, vos activités, vos collègues et l'absence physique des accessoires et de la plante toxique. S'il vous vient de l'angoisse ou de la peur, patientez jusqu'à ce qu'un soulagement finalement apparaisse. Vous exercer à voir le présent et un proche avenir sans le tabac produit une mobilisation créatrice du corps qui doit faire face à cette réalité dans laquelle vous le plongez d'autorité. Il s'agit d'une autorité bienveillante qui a été commanditée par le corps qui vous demandait ce changement depuis longtemps.

La détermination

Trop d'exigence nous rend maladroits. Tant de fumeurs subissent une pression émanant de leur entourage ou provenant de leur culpabilité qu'il en résulte une incapacité à se défaire du tabac. Si vous voulez vous arrêter de fumer pour faire plaisir à d'autres, vous allez vous tromper d'objectif. La pression de l'entourage peut être un élément de départ, mais très rapidement elle doit être relayée par la relation à votre corps qui en est le bénéficiaire et le guide.

L'exigence, l'obligation, le devoir et la raison doivent être remplacés par une froide détermination. Prenez le temps qu'il faut pour réussir à arrêter de fumer. Si besoin, faites des étapes, des rechutes, d'autres tentatives. Mais si vous restez déterminé, vous réussirez toujours, soyez-en persuadé.

Exercice

Durée : 1 minute

Mettez sur votre visage une expression de détermination. Passez d'une expression d'indifférence à une expression de détermination et ressentez la différence sur les muscles du visage. Il ne s'agit pas de contracter les mâchoires ou de se crisper, mais d'exprimer une détermination tranquille, reposée, telle que pourrait la lire sur votre visage un observateur extérieur. Puis mettez cette attitude dans vos bras, dans vos jambes, dans vos épaules, dans votre colonne vertébrale. Que tout votre être exprime une détermination patiente. Interrogez votre corps, zone par zone, pour vous assurer qu'un air résolu émane de vous et peut être ressenti par vos interlocuteurs sans même le secours de la parole. Le temps joue en faveur de ceux qui sont têtus, patients et déterminés. D'autant que vous n'avez pas le choix, vous avez décidé de vivre.

17 Méthode pour arrêter le cannabis

> « S'il existait un gouvernement qui eût intérêt à corrompre ses gouvernés, il n'aurait qu'à encourager l'usage du cannabis. »
>
> Baudelaire (1821-1867)

Si le XXe siècle a été le siècle du tabac et de ses ravages dans la population mondiale, le XXIe siècle se dessine comme celui du cannabis. Non pas que cette plante ait été absente au siècle dernier, mais parce que l'augmentation non contrôlée du trafic vers l'Europe l'ont installée dans les villes comme dans les campagnes et dans les habitudes sociales d'aujourd'hui. La présence du cannabis dans les établissements scolaires, dans les fêtes d'étudiants, dans les soirées entre amis, la facilité pour s'en procurer l'ont banalisé, et cette familiarisation avec le produit a fini par faire oublier sa dangerosité.

Les effets du cannabis

Les lignes qui vont suivre sont extraites d'une étude de l'INSERM[1] se rapportant aux effets du cannabis sur le corps humain.

❑ *Les effets immédiats d'une consommation isolée*

Le cannabis a des effets, réversibles, sur le psychisme pendant deux à dix heures, une durée qui est fonction de la sensibilité de chacun et de la dose consommée. Il est à l'origine d'une ivresse cannabique, caractérisée par une somnolence, une euphorie et une sensation de bien-être. Cet état s'accompagne d'une incapacité à exécuter des tâches complexes et de troubles de la mémoire immédiate.

Pour une consommation plus forte, apparaissent des troubles du langage et de la coordination motrice, parfois des attaques de panique ou des angoisses de dépersonnalisation, voire, exceptionnellement, une psychose cannabique avec des bouffées délirantes.

❑ *Les effets d'une consommation répétée et régulière*

Un phénomène de tolérance est observé, ce qui signifie que les consommateurs ont besoin de fumer de plus gros joints pour obtenir l'effet recherché. Le risque de dépen-

---

1. Dr B. Blond, INSERM (Institut national de la santé et de la recherche médicale).

dance au cannabis est élevé, un peu plus de 30 %, dans la tranche d'âge des 15-24 ans qui fument du tabac.

❑ *Les données scientifiques actuelles*[2]

Une consommation importante et répétée a également été associée à une diminution de la production des spermatozoïdes et à la présence de cycles sans ovulation chez les femmes. Des cancers bronchiques et des voies aérodigestives supérieures ont également été signalés chez des jeunes fumant exclusivement du cannabis. La quantité de goudrons présente dans un joint est de fait plus élevée que dans une cigarette : 50 mg contre 12.

On pense que le cannabis serait environ 70 fois plus cancérigène que la cigarette.

En effet, les dangers liés à la consommation de cette drogue ont considérablement évolué, avec des taux de plus en plus importants de THC (tétrahydrocannabinol), substance psychoactive du cannabis. Comparé aux années 1960, le cannabis est actuellement 15 fois plus concentré en THC.

Ce n'est pas tout, lorsque l'on fume un joint, le volume de fumée inhalée est jusqu'à 4 fois plus important qu'avec le tabac. Avec des bouffées plus profondes et un blocage plus long de la respiration, les quantités de monoxyde de carbone et de goudron entrant dans les poumons sont considérablement plus élevées.

---

2. Dr I. Eustache, Dr P. Burton, in Expertise collective, « Cannabis : quels effets sur le comportement et la santé ? », Éd. INSERM, 2001.

Au final, le cannabis est plus dangereux pour la santé que le tabac. Fumer trois joints de cannabis pur est aussi nocif pour les poumons que fumer vingt cigarettes. De plus, mélangé à du tabac, ses méfaits sont démultipliés. En effet, le goudron contenu dans le cannabis renferme 50 % de plus de carcinogènes, agents susceptibles de provoquer le cancer.

Ainsi, fumer trois pétards ou un paquet de cigarettes est associé aux mêmes risques d'infections pulmonaires (bronchites aiguës et chroniques) et de cancers respiratoires.

Plusieurs études indiquent également un effet négatif du cannabis sur le système immunitaire. Le THC réduirait l'activité des cellules du système immunitaire chargées de protéger les poumons des micro-organismes.

Les personnes qui ont choisi le cannabis plutôt que le tabac, pensant que le premier se révélerait moins dangereux, peuvent réviser leur choix en connaissance des risques qu'ils encourent.

❑ *Les plus vulnérables*

Comme face au tabac ou à l'alcool, les sujets les plus vulnérables sont les plus à risque : adolescents, consommateurs d'alcool ou d'autres drogues, personnalités fragiles, personnes en proie à des difficultés sociales, affectives, familiales, ou présentant des antécédents familiaux…

Certaines situations rendent l'abstinence impérative :

– conduite automobile ;

– métier nécessitant une grande vigilance et dont dépend la sécurité d'autrui ;

– grossesse, pour le futur enfant ;

– schizophrénie et boulimie, car le risque suicidaire, les troubles de l'humeur et les angoisses s'accentuent.

Les arguments contre

Nous sommes tous différemment sensibles à certains arguments. Je vous propose de lire et de vous représenter les propositions qui vont suivre. Pour les ressentir, il vous faut visualiser les situations. Selon vos réactions, vous saurez si l'argument vous concerne, vous touche et est susceptible de provoquer un changement chez vous. Prenez votre temps.

Le cannabis européen provient de cultures pratiquées dans des pays pauvres. Il est commercialisé par des trafiquants sans scrupules qui exploitent toute cette filière. Ces hommes sont souvent impliqués également dans le proxénétisme, dans le trafic d'armes, voire dans le terrorisme international. En résumé, il est bon de savoir à qui vous donnez votre argent. Consommer du cannabis vous met en lien direct avec ces personnes.

Refuser le cannabis, c'est mettre en échec ces tristes crapules qui ont détruit tant de familles et coupé l'espoir à tant d'adolescents.

Tous les fumeurs de cannabis ne basculent pas dans les drogues dures comme la cocaïne ou l'héroïne, en revanche, absolument tous les toxicos ont été ou sont encore fumeurs de cannabis.

Le laxisme juridique actuel provient de la génération de Mai 1968 qui est actuellement au pouvoir en Europe et qui avait considéré dans sa jeunesse le cannabis comme l'expression d'un non-conformisme. La nostalgie des beatniks, du *flower power* et autres *peace and love* a favorisé la passivité face au commerce et à la consommation de cette drogue. Dans de nombreuses familles, parents et enfants fument allègrement, croyant partager **un art de vivre qui tourne au cauchemar** lorsque la consommation augmente chez leur adolescent ou lors de la découverte d'une tumeur cancéreuse.

Les collégiens et les lycéens sont les cibles des trafiquants et des revendeurs parce que c'est l'âge de la plus grande vulnérabilité. On profite de l'angoisse de l'adolescence et de l'affrontement fréquent entre les ados et leurs parents pour placer cette drogue dans la panoplie normale de tout ado voulant devenir adulte.

La plus belle expérience qui signe le passage à l'âge adulte est d'apprendre à dire non, même à ses amis.

Refuser de fumer est la marque d'une forte personnalité et d'une grande tranquillité retrouvée.

Se désintoxiquer du cannabis

• Un homme de 26 ans vient me consulter pour arrêter de fumer. Il ajoute qu'il désire également ne plus consommer de cannabis. « J'ai perdu dix ans de ma vie, précise-t-il, sans me quitter des yeux. Chaque fois que j'avais un problème, un stress ou que je vivais un conflit, je rentrais dans ma chambre et je fumais du shit mélangé à du tabac, jusqu'à cinq à six fois par jour. Je vis toujours chez ma mère et, depuis dix ans, je n'ai rien construit, rien entrepris. Le cannabis me maintenait dans une douce euphorie et je sens que depuis dix ans, je suis passé à côté de la vie. »

Il me demande si l'hypnose peut l'aider également à retrouver confiance en lui. Une séance d'hypnose a permis d'entériner et d'installer la décision de cet homme en train de devenir adulte. Les suggestions ont porté sur des exercices respiratoires et sur la perception du circuit de l'air dans son corps. D'autres suggestions ont installé l'incompatibilité aux poussières provenant du tabac ou d'ailleurs. Au sortir de la séance, je lui demande s'il est d'accord pour faire dans les jours qui viennent un exercice symbolique où l'effort sera mêlé au plaisir. Il accepte bien volontiers et je lui indique qu'il devra gravir à pied deux étages de la tour Eiffel en prenant son temps et en regardant bien les alentours pour que cette ascension lui soit agréable. Il devra pendant la montée ressentir ses muscles et ses tendons, ressentir la fatigue et le soulagement et profiter du panorama qui s'ouvrera progressivement. Il se trouve qu'à cette époque, je soignais également sa sœur qui décida de se joindre à lui pour cette « épreuve » symbolique et divertissante qui marquerait son retour à la vie.

• Un autre jeune homme de 24 ans consulte pour des douleurs chroniques continues apparues dans sa langue depuis trois ans. À la deuxième séance, il évoque une consommation quotidienne de cannabis installée depuis dix ans sans aucune pause. Il se demande si la persistance de ses douleurs ne serait pas liée à l'usage de cette plante. Il se dit très anxieux et envisage mal de cesser ce rituel devenu obsessionnel. « Tous mes amis fument depuis le collège. Dans ma classe, tous les élèves fumaient. Depuis le matin, je pense au soir où je pourrai fumer. Mes amis passent me voir tous les jours et nous fumons ensemble. » Les séances d'hypnose ont réduit l'intensité de ses douleurs. Je lui propose de vérifier cela en ne fumant pas pendant quelques jours. Il me répond qu'il a arrêté de fumer du tabac, mais qu'il n'a « jamais arrêté ne serait-ce qu'un seul jour de fumer de l'herbe ».

« Si mes amis fument devant moi, je suis entraîné à les imiter ; et je ne peux pas ne plus les voir ; pour m'arrêter, il faudrait que je change tant d'habitudes ! » Je lui demande de s'installer confortablement et lui décris le monde dans lequel il évolue. Il visualise qu'il est dans une impasse : le groupe d'amis réunis autour du cannabis est un groupe toxique. Il est anxieux, obsessionnel, n'arrive pas à construire une vie affective, souffre de douleurs chroniques et se réfugie dans l'inhalation d'une plante cancéreuse qui génère du stress. Il comprend que c'est un geste difficile qui lui est demandé, mais salutaire. Pour guérir, il devra trouver le moyen de rompre avec le groupe amical mais toxique, il devra apprendre à dire non et à s'inventer une nouvelle vie. Je lui raconte l'histoire d'autres patients qui ont pu arrêter grâce à un séjour prolongé loin de chez eux ; et d'autres qui ont refusé des soirées à risque ; et d'autres encore qui ont changé de cadre et se sont fait d'autres amis.

La description fine et précise de ce qui est vécu contient les germes de la guérison.

La toxicité du cannabis sur les bronches et sur le cerveau a été clairement démontrée. Elle apparaît aussi sur le comportement des consommateurs. Il est observé un désinvestissement des tâches quotidiennes et des occupations professionnelles. Cet effet est plus marqué chez les adolescents. Ils s'isolent, arrêtent leurs études et entrent en conflit avec leurs parents qui s'inquiètent de ce comportement passif. Ce retrait partiel de toute vie sociale, cet arrêt des processus d'apprentissage et d'ouverture peuvent induire une dépression nerveuse[3].

---

3. « A Smoking Gun », British Lung Foundation, novembre 2002, commenté par le Dr I. Eustache. Cette étude montre que la consommation de cannabis multiplie par quatre le risque de développer des symptômes dépressifs.

Mettre en avant la toxicité réelle de cette plante est parfois suffisant pour en obtenir l'arrêt. La peur de la maladie, la peur de souffrir, la peur d'une dégradation physique sont des arguments qui peuvent fonctionner favorablement et provoquer un arrêt brutal de toute drogue. C'est la raison pour laquelle je tenais à introduire ce chapitre par des informations scientifiques qui placent clairement le cannabis dans les substances euphorisantes et toxiques pouvant entraîner la mort.

L'inverse est souvent la règle chez l'ado ou l'adulte jeune, pour qui vaincre cette peur devient l'occasion d'un rituel de passage, puisqu'il faut bien s'affronter à quelque chose pour signifier sa maturité, sa force. Manque de chance, dans leur rapprochement avec les drogues, dans leurs tentatives de contrôle de ces substances, les humains se confrontent à plus fort qu'eux et en sortent toujours perdants.

Pour savoir comment se désintoxiquer du cannabis ou comment se préparer à se désintoxiquer, il suffit de passer en revue les raisons qui justifiaient l'usage de cette plante.

❑ *Vous aimez les effets euphorisants du cannabis*

– Faites régulièrement des séances d'autohypnose telles qu'elles sont décrites dans les chapitres précédents. Vous aurez après quelques sessions d'entraînement des effets semblables sans la toxicité de la fumée.

– Imaginez que pendant votre sommeil, le feu prenne dans votre immeuble, dans votre chambre. Si vous venez de fumer du cannabis, vous n'aurez aucune chance de réagir ou de vous réveiller à temps. Vous ne pourrez ni sentir l'odeur du brûlé, ni entendre les cris d'alerte aux alentours. La léthargie engendrée par le cannabis vous coupe toute chance de survivre.

❑ ***Vous êtes très nerveux ou angoissé et le cannabis est votre calmant***

Lisez le texte d'autohypnose pour ressentir les effets chimiques de l'induction hypnotique. Seul le corps possède les remèdes adaptés aux problèmes de la vie. Si l'on doit fumer pour dormir, fumer pour se calmer les nerfs, fumer pour apaiser un chagrin, fumer pour contrer ses parents, la vie se met à devenir un chemin monotone et sans espace de liberté. Installez-vous le soir dans votre lit et, sans aucun exercice particulier, prenez le temps de vérifier que si on lui laisse le temps, le corps finit par nous calmer, par nous faire dormir dès que l'on quitte la pensée et la rumination. Fixez votre attention sur vos bras, sur vos jambes ou sur une autre partie du corps et attendez sans rien faire de précis d'être disponible pour retrouver un fonctionnement naturel.

Vous étiez mono-idée et vous voilà multiple en pleine imagination.

Avez-vous déjà observé attentivement le comportement d'un taureau qui fonce obsessionnellement dans la muleta (drap rouge) que le torero brandit devant ses yeux ? À chaque stimulation, il fonce tête baissée.

Aucune fantaisie, aucune possibilité d'échapper à la cape rouge, sauf temporairement à cause de la fatigue. Dès qu'on l'énerve, il se rue à nouveau sur le tissu coloré qui cache à peine la mort qui l'attend. C'est un fauve, dit-on, une montagne de muscles et de puissance, mais qui va mourir faute d'imagination. Ce « brave » taureau, devrait envier le sort de cet autre qui entra en piste en refusant le combat. Le torero avait beau agiter et provoquer l'animal, rien ne semblait l'intéresser, ni le rouge ni la clameur du public. Il n'entrait pas dans les normes. Il n'avait rien du taureau, tant et si bien qu'il fut évacué entre une troupe de bovidés qui le sortit de l'arène. Ce jour-là, son refus de jouer lui sauva la vie.

Pour guérir, il faut faire différemment. Il faut surprendre ses amis, sa famille, en changeant de registre, de direction. Il faut **se surprendre soi-même** en inventant un autre comportement non conforme. Installez-vous dans cette attitude nouvelle de celui ou de celle qui est détaché(e) des rituels maladroits.

Prenez plaisir à imaginer, à respirer, à planer dans vos rêveries, à euphoriser dans une histoire amoureuse, à rire des autres et de vous-même.

Il est possible qu'en arrêtant brusquement le cannabis, le corps ne prenne pas immédiatement le relais. Il s'ensuivra une période plus ou moins longue pendant laquelle le sommeil, l'humeur ne seront pas au mieux. Prenez patience. Soyez indulgent avec votre corps, laissez-lui le temps d'ajuster ses dosages hormonaux et observez l'étendue de vos ressources et de vos capacités d'adaptation en récupérant progressivement vos fonctions naturelles de sommeil et de tranquillité.

Ne manquez pas de lire les chapitres sur le tabagisme, tout particulièrement le chapitre 16. Lisez-le en remplaçant le mot « tabac » par « cannabis » : les deux sont des plantes mortelles. Les exercices qui vous sont proposés sont indispensables à pratiquer pour que votre sevrage se fasse vite et bien. Choisissez ceux qui vous semblent adaptés et lisez, lisez jusqu'à être imprégné de savoir-faire et de rébellion.

18 La convalescence

Une convalescence bien menée

La phase qui suit la fin de la maladie tabagique est la convalescence. Elle débute lorsque la personne a commencé à relâcher la plante toxique et ses rituels, parfois bien avant la lecture de ce livre. Cette étape doit réellement être perçue comme une convalescence, une période délicate où le risque de rechute est maximal. Dans les jours qui suivent la fin d'une grippe ou d'une angine, il est d'usage de respecter certaines règles. Souvenez-vous. Voici une convalescence réussie, vécue ou telle qu'on se l'imagine : vous avez 8-10 ans, vous sortez d'une grippe, vous restez au chaud entouré de personnes bienveillantes, vous êtes à la diète. Votre mère ou votre père vous apporte des jus de fruits, de la soupe de légumes et de la lecture. Vous n'êtes pas allé(e) à l'école. Les journées vous paraissent longues. Vous vous ennuyez un peu. Vous attendez d'être vraiment guéri(e) et d'avoir repris des forces pour sortir à nouveau.

Maintenant, calquez votre comportement sur ce que vous venez de lire. Pendant la période du sevrage, si cela vous est possible :

– préférez la présence de personnes agréables, solidaires de votre décision ;

– éloignez-vous des gens pénibles, des curieux, des dubitatifs. Vous êtes fragile, ne vous tendez pas de pièges inutiles. Après une grippe, vous faites attention à ne pas reprendre froid en vous habillant chaudement. Après la maladie tabagique, il faut se tenir à distance des autres malades du tabac qui pourraient vous contaminer ;

– refusez de répondre aux questions de votre entourage ou répondez de manière évasive et changez rapidement de sujet. Le tabagisme est un cauchemar qu'il faut rapidement oublier ;

– mettez-vous à la diète et, suivant la saison, mangez potage, soupe, salades, fruits pour aider votre corps à se désintoxiquer. Vous devez profiter de votre sevrage pour améliorer également votre comportement alimentaire.

Une personne qui grossit exagérément après l'arrêt du tabac a échangé un problème contre un autre tout aussi grave. Nous devons considérer comme un échec du traitement l'apparition de crises de boulimie au-delà d'un mois. Pour pallier ces symptômes substitutifs, il vous faut conjointement traiter le tabagisme et les erreurs alimentaires qui préexistaient.

S'arrêter de fumer sans grossir

« Je veux m'arrêter de fumer sans grossir ! La dernière fois que j'ai voulu arrêter, il me fallait tout le temps quelque chose dans la bouche. Je me suis mise à manger et j'ai grossi de dix kilos. J'ai fini par refumer. »

Maryse a été anorexique pendant son adolescence. Elle se trouve aujourd'hui devant ce dilemme. Mourir à cause du tabac mais en restant mince, ou vivre grosse. Elle ne veut à ce jour ni l'un, ni l'autre. Je l'avais vue dix ans auparavant et n'avais pas pu trouver avec elle une troisième voie qui serait de se débarrasser du tabac et des aliments nocifs.

Elle se souvient d'une période de sa vie au cours de laquelle elle avait pu réduire et modifier son alimentation. Son objectif désormais n'est plus simplement d'arrêter de fumer mais de mettre dans la même poubelle, simultanément, tabac et produits sucrés.

Si fuyant le feu vous vous dirigez vers le précipice, l'immobilité est aussi dangereuse que le mouvement. Il convient de réfléchir auparavant à la direction à prendre.

Beaucoup de personnes qui ont utilisé l'hypnose ont pu arrêter de fumer et maigrir simultanément en modifiant leur espace.

L'espace à vérifier en priorité est extérieur. Ne faites plus entrer dans votre maison de produits gras, sucrés ou alcoolisés. Dans votre cuisine, dans vos placards, dans votre frigo, vous devez avoir à votre disposition beaucoup de fruits, de légumes, de poissons, quelques viandes blanches et des œufs. Il existe en conserve et en surgelé : épinards, brocolis, asperges, purée de carotte, céleris, pommes de terre, choux-fleurs, fenouils, endives, artichauts, melons, mangues et potages qui constituent des réserves faciles d'accès.

Cet espace est également intérieur. Il comprend une modification des gestes du quotidien qui entérine la décision, comme la proposition d'Épictète : « Exerce-toi parfois à vivre comme un malade, pour vivre un jour comme un bien portant. Jeûne, bois de l'eau. » Le philosophe nous propose d'adopter un comportement de malade en convalescence. Ce malade que nous sommes devenus pour le bon déroulement de l'exercice est réellement préoccupé par la réparation de son corps qui a été affaibli par des toxines. Il laisse son corps au repos et ne lui demande surtout pas d'efforts de digestion. La diète n'est plus une privation, elle est une attention portée au corps qui peut rassembler toutes ses forces pour se détoxifier. Épictète ajoute : « Abstiens-toi une fois entière de désirer, pour avoir un jour des désirs conformes à la raison. » Il nous propose un exercice qui consiste à faire une pause dans le « remplissage » du corps, une interruption momentanée des désirs. En s'exerçant à ce détachement au moins une fois, il est possible que le plaisir qui en découle puisse changer l'orientation de nos désirs. Là encore, nous voyons que le changement – dans la façon de nous alimenter – ne provient pas de la raison, de la logique, mais de la pratique d'exercices qui mettent en scène une autre réalité qu'il devient possible de vivre, après.

Ne cherchez pas à atteindre la perfection dans le comportement alimentaire. Une franche amélioration est suffisante. Soyez indulgent envers vous-même. En cas d'erreurs alimentaires, défaites-vous aussitôt de la culpabilité ou de la déception et de nouveau orientez-vous vers les produits de la terre, des arbres et de la pêche.

Ayez la patience d'attendre que les envies subites de fumer se dissipent d'elles-mêmes. En attendant, prenez un verre d'eau, un fruit, faites quelques grandes respirations.

Si vous éprouvez trop fortement le besoin d'occuper votre bouche, vous pouvez mâcher un bâton de réglisse, du chewing-gum sans sucre ou des bonbons sans sucre. M. J., négociant en café, prenait ainsi plusieurs confiseries sans sucre par jour. Il avait, par ailleurs, conservé un briquet dans sa poche, si bien qu'il lui arrivait de mettre un bonbon dans sa bouche puis de présenter la flamme du briquet pour « allumer » la confiserie, et cela quinze jours après avoir cessé de fumer. Il en riait volontiers. L'humour et la bonne humeur qui se dégageaient de cet homme de 50 ans qui fumait soixante cigarettes par jour ont certainement compté pour la réussite de son sevrage.

L'exercice physique est un plaisir qu'il faut pratiquer pendant cette convalescence. Le sport permet de libérer les tensions du corps. De nombreux ex-fumeurs courent, nagent, rament, dansent et, grâce à cela, vivent très bien leur sevrage. Il est possible que l'explication soit une libération augmentée d'endorphines (la morphine que notre propre corps fabrique) au cours de l'effort sportif qui vient également calmer le manque du tabac et la nervosité occasionnée par tout changement de comportement. Le sport est l'activité reine pour occuper cette période d'adaptation.

Le territoire

L'espace dans lequel vous vivez – bureau, maison, salon, chambre, cuisine –, l'espace dans lequel vous évoluez – restaurants, fêtes familiales, invitations –, ainsi que l'espace intérieur – vos modes de pensée, vos visualisations – constituent l'ensemble du territoire que vous avez à surveiller.

Ce territoire doit être à l'image des changements qui s'opèrent dans votre corps.

Le succès de l'entreprise dépend de la prise de contrôle de ce territoire. Un instant le fumeur est passif et subit toutes les influences sans discernement, un autre il se réveille et prend le contrôle de l'espace. Supprimez les cendriers et autres accessoires du tabac.

Fleurissez votre habitation et nettoyez l'intérieur de votre véhicule.

Faites nettoyer vos rideaux, battez vos fauteuils, vos coussins et vos vêtements.

Demandez à vos collègues fumeurs de se tenir à distance en leur expliquant que vous êtes fragile et pas encore tout à fait guéri.

Dans les soirées que vous n'avez pas pu éviter, restez proche des groupes non fumeurs et ne donnez aucune information sur les changements qui s'opèrent en vous. Cette expérience est **individuelle et non communicable**.

L'espace intérieur se contrôle par des jeux où gestes et pensées rivalisent de ruse pour contourner l'image et le souvenir du tabac. Épictète, en plus d'être philosophe grec, cinquante ans avant Jésus-Christ, est l'ami des ex-fumeurs quand il répond si précisément à la question de l'idée obsessionnelle du tabac :

« Quand une idée de [faux] plaisir se présente à ton esprit, garde-toi, comme pour les autres idées, de ne te point laisser par elle emporter. Mais diffère d'agir et obtiens de toi quelque délai. Compare ensuite les deux moments : celui où tu jouiras du plaisir, et celui où, ayant joui, tu te repentiras et tu te blâmeras. Oppose à ces pensées la joie que tu éprouveras. Et, si les circonstances exigent que tu agisses, prends garde à ne pas te laisser vaincre par ce que la chose offre de doux, d'agréable et d'attrayant. Mais récompense-toi en pensant combien il est préférable d'avoir conscience que tu as remporté cette victoire. »

Une jeune femme de 35 ans me confie son « truc » pour ne pas rechuter. Chaque fois qu'elle se sent en danger, elle sort de son sac à main une carte qu'elle a confectionnée et qui représente, sur une face, des collages de photos de cancer du poumon, d'une malade alitée avec un tube dans la trachée pour respirer et, sur l'autre face, des fleurs, du ciel bleu et des sportifs. Cette visualisation intervient au moment où elle pourrait se laisser « embobiner » par la cigarette. Le geste de sortir cette carte interrompt un processus d'échec, il agit sur elle comme un rappel à la réalité du corps en effaçant l'illusion du besoin de tabac.

Si, par mégarde, vous avez pris quelques cigarettes « pour voir » ou par trop d'envie, n'en faites pas un drame. Relevez-vous rapidement, comme après une chute, et éloignez-vous de nouveau prestement.

Ne pensez pas à la multitude des actions entreprises par le corps et le cerveau pour vous assurer la désintoxication. Elles sont trop nombreuses et même fastidieuses à énumérer. Nous en avons abordé quelques-unes pour montrer la diversité et l'intelligence du travail du corps. Nous pourrions dire que parfois, nous ne méritons pas notre corps. Nous ne sommes pas à sa hauteur.

Notre corps fait preuve d'immenses capacités d'adaptation, il est en lutte constante pour sa survie, il répare avec application et ténacité ce que nous nous appliquons quotidiennement à endommager. Il est précieux, fragile comme une œuvre d'art et fidèle à son propriétaire malgré les souffrances qu'il lui fait endurer.

Pour entrer en relation avec votre corps, cherchez une décision qui le concerne, puis disons que vous avez un tel plaisir à guérir que votre corps accepte avec bonheur des centaines de modifications simultanées. Plus vous vous installez agréablement dans votre statut de convalescent heureux de guérir, plus votre corps participe activement et facilement à ce retour à la vie.

Ne cherchez pas l'effort, cherchez la satisfaction de la victoire.

Comment oublier ?

Ce livre est au centre d'un paradoxe. Pour guérir du tabagisme, il faudrait l'oublier, et pour l'oublier, il faudrait commencer par ne plus en parler. Donc ce livre, en parlant du tabac, ne fait qu'entretenir le problème. Puisqu'il est admis que les toxicomanes souffrent d'une fixation obsessionnelle et d'une dépendance doublée d'une accoutumance, nous pouvons craindre qu'un livre centré sur le tabagisme ne contribue qu'à fixer le rituel. Autrement dit, comment résoudre un problème sans l'aborder ? Ou encore, pourquoi s'étendre sur un sujet dont la résolution passe par la simple expulsion ?

Un début de réponse est apporté par une étude publiée par la revue *Science*[1]. Dans cette étude, les chercheurs ont fait apprendre à des volontaires des paires de

---

1. « Les systèmes neuraux de l'oubli volontaire », *Science*, n° 303, 9 janvier 2004.

mots : mâchoires-gomme, vapeur-train, puis leur ont demandé d'en oublier un des deux. Ils ont localisé les zones cérébrales impliquées dans le phénomène de l'oubli. Lorsque les sujets déclenchent l'oubli volontaire, ils agissent sur ces zones, sur certaines en les activant et sur d'autres en les désactivant. Ils leur ont demandé d'apprendre puis de désapprendre. Et cette demande d'oublier a été suivie d'effet. Il faut cependant remarquer que les mots choisis pour l'expérience n'avaient a priori pas d'impact émotionnel particulier.

S'il est presque facile d'oublier des mots simples, qu'en est-il des mots chargés de signification, et des gestes et des rituels construits tout autour ?

La réponse est donnée dans ce livre : nous devons d'abord rendre les mots et les gestes simples, froids et indifférents.

Pour oublier, il vous faut au préalable vous assurer que **la substance est tombée de son piédestal**[2], puis qu'elle n'est plus investie d'une charge affective, émotionnelle ou de croyances (faux remède). Ressentir qu'elle ne vous impressionne plus, bref, que votre position à son égard a changé. Alors, et alors seulement, l'oubli peut fonctionner pleinement.

Ne pas parler d'un problème pour le résoudre n'est possible que lorsque tout le travail préalable a déjà été accompli.

---

2. Lire le chap. 7.

En savoir un peu plus sur les mécanismes cérébraux de l'oubli volontaire peut rassurer les fumeurs qui se voient disposant de possibilités physiologiques naturelles pour gommer, effacer, dissoudre des images, des mots, des réflexes qui ne sont plus sous-tendus par la moindre signification.

Le tabac retrouve sa place parmi les plantes qui ne nous concernent pas, et vous, vous retrouvez votre place parmi les vivants qui ne sont plus menacés. Ce sont les conditions requises pour déclencher l'oubli volontaire qui se transforme en oubli involontaire que l'on dit inconscient.

Agir sans réfléchir

Pour votre plus grand bien, vous ne sortirez pas indemne de la lecture de ces pages. Vous ne serez plus jamais comme avant. Les suggestions qu'elles contiennent laisseront une trace définitive dans votre esprit. Elles portent la certitude d'un savoir qui s'exprime pleinement dès lors que vous avez trouvé la bonne position. Ce savoir est corporel et vous fait ressembler à des sportifs qui vérifient leur tonicité musculaire et leur souplesse ligamentaire avant une épreuve. L'acte de la guérison est le mouvement d'un corps qui se détourne brusquement et avec élégance. Ces conditions parfaites provoquent un arrêt facile du tabagisme, semblant venir de l'extérieur.

Les anciens fumeurs ont souvent vis-à-vis de l'hypnose cet étonnement d'avoir pu guérir avec quelques mots simples qu'ils ont pour la plupart oubliés. Ils attribuent leur réussite au thérapeute ou à la magie de l'hypnose mais rarement à eux-mêmes. Pourquoi le succès qui provient des capacités inhérentes d'adaptation de notre corps est-il souvent attribué à une cause extérieure à soi ?

Dans l'individualisme, la personne tourne son regard sur elle-même, elle a « les yeux tournés vers l'intérieur[3] », ce qui l'oblige à faire des efforts pour s'orienter convenablement. Elle déploie de l'énergie pour affronter le monde. C'est épuisant !

Par l'hypnose, la personne tourne son **regard vers l'extérieur** et retrouve ainsi sa place dans la ronde de ce qui compose le monde vivant. La décision et la facilité du sevrage semblent venir de l'extérieur pour le cas où l'individu se considérerait comme isolé, centré sur lui-même, avec sa peau comme limite de son corps.

Lorsqu'une personne, par le biais de l'hypnose, se met en relation avec tout son espace, son corps est fondu dans ce tout et la réussite de ce qu'elle entreprend provient de toutes parts. La guérison provient de la personne qui a changé de place, regagnant le monde des non-fumeurs, mais elle provient également de tous les éléments qui composent son territoire et qui ont permis ce changement de comportement. La réussite du

3. Formule empruntée à Heidegger.

sevrage n'est pas le résultat d'une recherche intérieure[4] mais au contraire d'une ouverture vers l'extérieur. L'être ne peut plus être réduit à un simple corps, car il est un corps en relation. Il n'est plus isolé et en train de mourir, mais de nouveau relié à son monde.

Étant confondus avec cet espace, la personne et son corps s'adaptent automatiquement aux variations de ce tout. La guérison semble se faire en dehors de vous, parce que la maladie vous a isolé. L'équilibre retrouvé semble émaner d'une force extérieure parce que le corps fait à nouveau partie du tout. En réalité, cette force n'est ni intérieure ni extérieure, elle vient de toutes parts.

Qui ne connaît cette sensation, qui nous traverse parfois, d'être tellement bien dans son corps que tout geste devient facile : le swing du golfeur, le revers du joueur de tennis, le saut de l'athlète, l'écriture du romancier ? Il n'y a plus ni pensée ni calcul, mais **un parfait équilibre de l'être dans son espace**. Cette légèreté et cette fluidité sont si agréables qu'ils réalisent un geste parfait. La notion d'effort a disparu. Le but de l'hypnose de la

4. L. Wittgenstein, *Tractatus logico-philosophique*, *op. cit.* Selon Wittgenstein, la psychologie ne révèle rien sur l'intériorité non pas parce qu'elle ne sait pas s'y prendre, mais parce qu'il n'y a pas d'intériorité. Il suffit d'observer et d'écouter attentivement le corps pour obtenir directement à partir de l'expression du visage et du corps tous les éléments qui le traversent et qui en émanent. Le lien au tabac n'est pas intérieur et psychologique, il est corporel et social. La souffrance est lisible sur le corps. Les remèdes sont également dans le corps et dans la relation à l'environnement.

lecture est de faire venir, à votre insu, cette simplicité du geste. À votre insu, parce que, en ignorant ce qui vous arrive, vous y participez pleinement. Vous en aurez plus tard la compréhension. Ne cherchez pas à l'analyser, vous en perdriez la simplicité.

Plus le mouvement est simple, sans réflexion, plus il est parfait. Dans cet état de « grâce », le corps a disparu, il est en harmonie avec les éléments environnants. S'il était séparé du reste, il ferait des efforts pour réagir et comprendre ce qu'il lui arrive. La maladie tabagique est une rupture qui immobilise le corps, le sort de son milieu naturel et le plonge dans des rituels artificiels qui sont des simulacres de mouvement. Guérir, c'est participer de nouveau au mouvement du monde vivant jusqu'à y retrouver sa place et se fondre en lui.

19

S'arrêter de fumer à deux

Devenez hypnotiseur d'un jour

Ne vous laissez pas dominer par le tabac. Maintenez une pression douce et continue sur vous-même et sur votre entourage fumeur. Vous n'acceptez pas et vous n'accepterez jamais cette dépendance.

Je vous propose d'intervenir activement pour faire arrêter de fumer une personne qui vous est proche. Vous ne devez pas forcer sa décision, mais seulement l'accompagner, si elle y consent, grâce au texte d'induction d'hypnose antitabac qui va suivre. Tout d'abord, il faut que vous-même, vous ne fumiez plus, grâce à ce livre, ou que vous n'ayez jamais fumé, sinon, vous ne serez pas crédible.

Une réelle confiance entre vous deux est la base indispensable à cet accompagnement. Une personne s'en remet à vous pour guérir du tabagisme : c'est à la fois émouvant et d'une grande responsabilité pour vous.

Pour que ce travail ait une vraie chance d'aboutir, suivez attentivement la procédure qui va suivre.

Il vous suffira de lire lentement ce texte à la personne qui veut bien de votre aide pour arrêter de fumer.

Les couples les plus fréquemment rencontrés sont : mari et femme ; parent et enfant ; collègues de bureau ; deux ami(e)s ; frère et sœur.

N'abusez pas de ce texte. Réservez-le à une relation privilégiée. Pour lui donner une pleine efficacité, informez l'autre personne que vous avez cette possibilité de l'aider à se désintoxiquer et attendez qu'elle réagisse ou vous en reparle. Lire ce texte pour aider un fumeur n'est pas un exercice de pouvoir, mais la marque d'une réelle bienveillance de votre part envers une personne qui souffre. C'est un geste médical. Il y a tant et tant de fumeurs sur terre que nous ne sommes pas de trop les uns et les autres pour lutter contre ce fléau.

Prenez connaissance de ces pages avant de les lire lentement et à haute voix.

La séance d'hypnose

Demandez une dernière fois à la personne si le moment est favorable pour arrêter de fumer, sinon remettez à plus tard la séance :

Es-tu toujours d'accord pour arrêter de fumer maintenant ?
Est-ce que cela te fait plaisir de vivre cette expérience ?

Proposez un siège confortable.
Installe-toi là où tu te sens bien, ce fauteuil par exemple, et vérifie dans tes bras, dans tes jambes... dans ton dos... que ta position est confortable. Fais-moi signe lorsque tu te sentiras bien.
[Celui ou celle qui lit ce texte doit aussi être bien installé(e).]

Parlez de l'hypnose
Je ne sais pas l'idée que tu te fais de l'hypnose, mais aujourd'hui, ne pense pas à cela. Il s'agit simplement d'une pause d'une demi-heure pendant laquelle je vais te proposer quelques exercices simples. Le but n'est pas de dormir, mais bien au contraire de t'éveiller et de te rebeller contre un parasite qui s'est installé dans ta vie.

La fixation visuelle
Je te demande de choisir un point devant toi que tu vas pouvoir fixer du regard... Regarde-le longuement sans le quitter des yeux... ton regard semble comme traverser ce point et voir à travers lui... attends aussi longtemps qu'il faudra jusqu'à ce que ta perception visuelle devienne floue... le flou apparaît soit sur le point lui-même, soit à sa

périphérie... il peut se produire également une fatigue visuelle... dès qu'un de ces signes se manifestera, tu pourras fermer les yeux. [Attendez patiemment, plusieurs minutes s'il le faut, qu'au moins un des troubles visuels soit réellement ressenti par la personne.] Maintenant tu peux te reposer les yeux fermés. Ne cherche pas à dormir, si je t'ai proposé de fermer les yeux, c'est pour mieux que tu t'appliques aux exercices qui vont suivre.

Porter attention au corps

Je te demande maintenant de porter ton attention sur tes jambes... tes bras et de ressentir s'il peut venir une sensation de pesanteur ou d'engourdissement. À force d'immobilité, certaines sensations apparaissent... une impression de plomb... ou d'être confondu avec le siège. Certaines zones du corps sont encore tendues pendant que d'autres se desserrent, se dénouent. Si ton esprit tourne trop vite ou s'égare dans des zones d'inquiétude, ramène-le énergiquement vers le corps et observe la pesanteur, l'engourdissement dans tes jambes ou dans tes bras ou dans ton dos...

Relâcher

Choisis une partie de ton corps, un pied... une main, pour faire l'exercice « Relâcher ». Vérifie que tu as bien relâché musculairement quelques fibres ou ligaments. Cela peut se produire dans les mâchoires ou dans le ventre ou dans une épaule par exemple ou ailleurs selon ta préférence. Prends ton temps pour bien ressentir ce geste de relâcher… tu es en train de te défaire d'une plante toxique qu'il est préférable de ne plus nommer pour l'oublier au plus vite, comme un cauchemar que tu laisses s'effacer de ta mémoire.

Le dégoût

Il est possible que ton corps veuille utiliser le dégoût pour se détacher du tabac. Faisons, si tu le veux bien, cette expérience. Porte attention à ta bouche… à ta langue… avale une à deux fois ta salive… est-ce qu'il reste sur ton palais ou sur tes gencives quelques débris, poussières ou toxines qui provoquent une sensation de bouche amère ou pâteuse ? Laisse venir ces sensations. Maintenant, est-ce que dans ton estomac apparaissent quelques nausées en rapport avec toutes les glaires chargées de nicotine ? Si nausées et dégoût sont ressentis, alors il s'agit bien d'un rejet, d'une incompatibilité, tu as retrouvé l'allergie naturelle au tabac.

L'indifférence

Ne force pas les sensations, si le dégoût ne vient pas, il est possible que ton corps préfère l'indifférence pour se détacher dans la tranquillité. Vérifie qu'il y a bien de l'indifférence sur ton visage… une sorte de placidité, de froideur. Pas de conflit, pas de haine, une simple indifférence est souvent suffisante.

Un réflexe de méfiance

La distance est désormais installée. Cette distance peut prendre l'allure d'une méfiance envers une plante toxique. La même méfiance que tu as déjà acquise envers les champignons vénéneux. Une méfiance que tu vas pouvoir entretenir. Tu as bien voulu interposer une cloison entre toi et ce qui t'a fait du mal. En cela on peut dire que tu es différent(e). Tu as bien voulu renforcer tes systèmes de défense.

Le bilan

Maintenant, ressens la différence entre toi et ceux qui sont encore dans le triste labyrinthe... Toi, tu es au-dehors, tu évolues à l'air libre, tu viens de résoudre un problème pervers qu'on t'a posé il y a longtemps... Pour te défendre, tu as la nausée... le dégoût... l'indifférence... le plaisir de respirer et pour finir l'essentiel, le plaisir de vivre. Ces mots et ces sensations vont rester définitivement gravés dans ton cerveau, dans ta mémoire. Ils ont été entendus, ils font partie de toi, ils te conviennent pour l'essentiel, ils répondent à la demande de ton corps, de ta peau, de tes artères, de tes poumons qui attendaient cela depuis longtemps.

La convalescence

Après le détachement, vient la convalescence. À partir de cet instant, le corps va pouvoir commencer à se laver, à se cicatriser, à se désenflammer, à se réparer. Ressens que tu es en convalescence. Tu retrouves les gestes appropriés : manger des fruits, des légumes, rester à l'abri, sentir la fragilité et attendre patiemment que le corps soit guéri. Les forces vont revenir peu à peu. Évite les personnes pénibles, refuse de répondre aux questions des curieux, prends le temps de guérir dans un environnement que tu rends le plus favorable possible.

Le réveil

Si en face de vous la personne dort profondément ou si elle est restée totalement éveillée, agissez de manière identique en lisant le texte qui va suivre.

Maintenant, je vais pouvoir compter jusqu'à dix... à dix, tu pourras ouvrir les yeux et la séance sera terminée. Un et deux... ton corps se réveille progressivement... trois et quatre... tu retrouves la perception de tes bras... de tes jambes... cinq et six... la sortie de la séance sera très facile et très agréable... sept et huit... tu vas te sentir très bien et soulagé(e)... neuf et dix, tu peux ouvrir les yeux, t'étirer, respirer profondément... prends ton temps pour te retrouver totalement.

[Si la personne continue de dormir profondément, réveillez-la doucement en parlant plus fort ou en lui tapotant le bras.]

Je ne vous conseille pas de parler de la séance. Prenez congé de la personne en lui demandant de mettre de l'ordre dans sa maison, dans son bureau, de manière que tout soit propre et sente bon, et en particulier de se débarrasser de tous les objets liés au tabac : paquets, briquet, cendriers. Ajoutez que vous êtes à sa disposition pour lui lire à nouveau le texte d'hypnose s'il (elle) en ressent le besoin dans les jours qui suivent.

Gardez le contact : si la personne pense encore trop au tabac ou en a pris au cours d'une soirée, c'est qu'elle n'a pas pu rompre tous ses liens au tabac. Dans ce cas, une seconde séance peut s'avérer très utile pour finir le travail de détachement. Souvent cette seconde séance se vit plus tranquillement et sous une forme plus léthargique : ce qui est très agréable pour calmer l'anxiété du fumeur en sevrage et lui montrer comment son corps résout les problèmes de stress mieux que le tabac.

Résultats

Après une ou deux séances, les résultats immédiats sont très spectaculaires. Dans les huit, dix jours qui suivent, 50 % à 80 % des personnes ne fument plus. Cette réussite en dit long sur les capacités physiologiques de chacun de nous à calmer le manque et à changer. Cette facilité inciterait même certaines personnes à rechuter, assurées qu'elles sont de pouvoir recommencer une opération si simple.

Maintenir le sevrage durablement est une autre affaire. Je ne peux pas faire la liste des circonstances qui provoquent des rechutes tant elle est longue et déconcertante. Je veux simplement attirer votre attention sur **cette période délicate où tout est à construire**. Deux ans après une séance unique d'hypnose comprenant des exercices d'autohypnose, David Spiegel[1] observe un taux de réussite de 23 % sur les 226 personnes traitées. Ce taux passe à 35 % si vous restez dans la méfiance du tabac en considérant que rien n'est encore acquis.

Pendant la période de « convalescence » (chapitre 18), à la moindre alerte, je vous conseille de reprendre vos distances en relisant quelques chapitres ou en vous faisant lire une nouvelle fois le texte d'hypnose proposé plus haut.

Si l'on reste vigilant les premières semaines, le taux de réussite peut augmenter considérablement. Il est démontré que la séance unique ne convient pas pour tous ; il faut parfois un suivi qui améliore considérablement les résultats. Certains fumeurs ont réellement besoin d'étapes avant d'expulser le tabac définitivement. En résumé, une fois votre sevrage réussi, laissez le livre sur la table du salon et reprenez de temps à autre la lecture d'un chapitre pour confirmer votre détachement.

1. Spiegel D., Frischholz E.J., Fleiss J.L., Spiegel H. (juillet 1993), « Éléments prédictifs de l'abstinence au tabac après une séance unique d'intervention restructurante avec autohypnose », *Am. J. Psychiatry* 150 : 7.

La décision reste entre vos mains. C'est vous qui décidez du dosage. Combien de pages devez-vous lire, combien d'exercices devez-vous pratiquer et sur quelle période ?

Il faut faire confiance à votre intuition dans ce domaine et ne pas vous contraindre à des tâches fastidieuses.

J'attire votre attention sur le travail de suggestion que nous opérons ensemble et qui peut être affaibli par l'entourage et les vieux réflexes. Avec l'entraînement constant et régulier produit par la lecture de ce livre, vous protégez votre entreprise.

20 Conclusion

Vous êtes arrivé au dernier chapitre de ce livre, ne vous posez pas de questions. Vous êtes un peu plus libre. Laissez le temps refermer vos plaies. Posez votre regard là où la vie se trouve. Il vous arrivera souvent de penser au tabac, restez impassible et déplacez aussitôt votre attention. Un patient fumeur vient me consulter sur le conseil d'un ami qui a arrêté de fumer avec l'hypnose il y a dix ans. « Vous savez, me dit ce monsieur, mon ami, même après dix années, pense encore souvent au tabac ! – Et alors, que fait-il ? lui dis-je. – Alors, il pense qu'il est bien sans fumer et il en reste là. » Ce n'est pas gênant de penser au tabac, ce qui est inquiétant serait de s'y arrêter.

Le travail de l'hypnose a été de remettre du mouvement dans quelque chose de figé. Qu'importe si vos pensées vous ramènent vers le tabac puisque vous savez désormais vous en éloigner aussitôt. Si vous passez rapidement vos doigts dans la flamme d'une bougie, le feu ne vous causera aucune brûlure. Le mouvement produit de l'innocuité.

Mais si vous vous attardez au-dessus de la flamme… Votre survie dépend de votre rapidité et de votre facilité à quitter une zone d'exposition dangereuse. Votre pensée comme votre corps ne peuvent être exposés trop longtemps sans dommage à des images ou à des plantes toxiques.

Une autre patiente me dit que l'idée de renoncer définitivement au tabac lui déplaît et l'angoisse. Alors, sur mes conseils, elle a mis dans son cerveau l'idée qu'elle refumerait un jour, plus tard, « peut-être quand j'aurai 70 ans », ajouta-t-elle. Cette idée fut apaisante et a permis un sevrage facile.

Tous ces exercices servent à faire tomber la pression, à **réduire l'exigence** qui gênerait l'agréable de cette entreprise.

Pendant que j'écris ces lignes, j'écoute la radio. Le commentateur annonce que depuis l'augmentation du tabac en France, les ventes de tabac ont chuté de 20 %. Un auditeur au téléphone dit qu'il achète ses deux cartouches par semaine en Espagne via Internet. Il les paye deux fois moins cher. À l'augmentation du prix, il a réagi par une adaptation qui ne convient qu'à son porte-monnaie. L'auditeur suivant lui demande par radio interposée s'il a trouvé sur Internet des sites qui font des réductions sur les médicaments anticancéreux, sur les bouteilles à oxygène et les canules pour respirer. Il regrette que l'auditeur n'ait pas profité comme lui de cette augmentation pour s'arrêter de fumer.

Ainsi est posée en quelques minutes la nature de l'adaptation qui témoigne des ressources de l'individu. L'un a contourné l'augmentation du tabac, l'autre a contourné le tabac.

Tout naturellement, notre curiosité nous approche du tabac parfois jusqu'à y sombrer. Tout naturellement, nous quittons le piège en pratiquant l'art du détachement. L'approche se fait grâce à la première phase de l'hypnose : l'hypnose-fascination produisant l'oubli du corps et la perte du sens critique. Le détachement, la guérison, se fait par la deuxième phase de l'hypnose : la perceptude ou l'ouverture qui « désenvoûte » la personne, réactive son sens critique et lui donne une nouvelle place.

Seule la pratique d'exercices appropriés permet ce jeu : fermer et ouvrir.

L'hypnose de la lecture se déclenche dès qu'un récit semble nous concerner. La lecture nous captive et nous fait vivre par l'imagination tous les mouvements et changements d'attitudes qui nous sont proposés. Ce livre vous a accompagné et guidé vers la guérison. Ne lui demandez pas plus.

Si dans les semaines qui viennent, vous ne vous sentez pas si sûr de votre décision, lisez à nouveau quelques pages au hasard. Faites-les lire à des amis auxquels vous voulez du bien.

Si au terme de ce livre, vous fumez encore, interrogez-vous pour savoir si le moment choisi est le bon, si vous n'êtes pas préoccupé par d'autres événements importants. Si c'est le cas, reposez ce livre. Vous le reprendrez plus tard.

Mais si vous vous sentez toujours décidé et disponible pour ce sevrage, alors reprenez-en la lecture une nouvelle fois depuis le début.

Il est possible de lire ce livre de différentes manières :

– par curiosité, pour savoir où l'auteur veut en venir ;

– pour guérir : ce qui est le seul objectif de ce livre.

Si vous êtes en accord avec les principes qui y sont développés, si vous voulez utiliser l'action de l'hypnose pour guérir du tabac, lisez ce livre lentement, en faisant des pauses qui permettent l'installation de l'état hypnotique. Faites ou refaites quelques-uns des exercices proposés. Une bonne compréhension des mécanismes de l'addiction ne suffit pas au sevrage.

Vous devez **faire les exercices** qui ont pour but de vous gâcher le plaisir de fumer ! Ils ont aussi pour but de vous faire apprécier votre retour à la vie.

Un matin, se présente à mon cabinet un homme d'une soixantaine d'années portant un paquet sous le bras. Il vient droit vers moi en souriant. « Vous souvenez-vous de moi ? me dit-il. Je suis venu il y a un an et depuis j'ai cessé de fumer après une séance d'hypnose. » Il pose son paquet sur le bureau, il l'ouvre lui-même et dévoile un magnifique appareil photo. « Pendant un an, j'ai mis chaque jour de côté l'argent du tabac pour finalement m'acheter cet appareil photo dont je rêvais et que je n'aurais jamais osé me payer vu son prix ! » Il était retraité et ses moyens ne lui permettaient pas une telle dépense sauf sur le dos du tabac.

J'ai entendu tant d'histoires de ce genre où, à la place du tabac, des personnes ont pu faire un grand voyage, s'occuper de leurs petits-enfants, reprendre le sport, embrasser et reprendre une vie amoureuse... J'espère qu'il en sera de même pour vous qui venez d'échanger une souffrance contre un bonheur.

Si au terme de ce livre, vous avez enfin rompu avec le tabac, surtout **restez vigilant**. Il n'y a pas tant d'occasions dans une vie pour s'arrêter de fumer.

Ne mettez pas en jeu avec légèreté ce que vous avez construit avec application. Si vous jouez pour en éprouver la solidité, sachez qu'il n'est rien de plus fragile que cet équilibre que vous venez de trouver. Un rien le défait : une cigarette prise dans une soirée, une autre dans un moment d'énervement, et l'édifice s'effondre. C'est la présence de la vie qui confère de la fragilité à cette œuvre. Elle est une création vivante émanant de vos processus d'adaptation au monde.

Table

DU MÊME AUTEUR

L'hypnose qui soigne,
édition Josette Lyon, 1994

L'hypnose médicale,
ouvrage collectif, éditions Med-line, 2003

L'hypnose aujourd'hui,
ouvrage collectif, éditions In Press, 2005

Dessin de Gabs.
Conception graphique et réalisation : Louise Daniel.

Impression Pollina
Éditions Albin Michel
22, rue Huyghens, 75014 Paris – www.albin-michel.fr
ISBN : 2-226-15754-9
N° d'édition : 23588. - N° d'impression : L97445
Dépôt légal : septembre 2005